Allerlei
Wien

Susanne Schermann　　Ken Aihara

SANSHUSHA

まえがき

Vorwort

初級文法を学習した後でも、文学作品や雑誌記事などのドイツ語の文章は、みなさんにとってまだかなり骨の折れるものでしょう。文法知識の曖昧さは別にしても、とりわけ、知らない単語は大きな壁です。本書はとくにこの学習レベルに合わせて企画しました。

この教科書では、語彙を速く増やすことができるように配慮しました。テキストでは、基本的な単語や語句が何度も繰り返し使われていますし、練習問題は、正しい文法習得だけではなく、学んだ単語を確実なものにすることに重点が置かれています。

テキストは、文法的に簡単なものから始まっています。テキストを読み進めるごとに難易度が少しずつ上がり、最後は一般的な文章に近くなっています。冒頭には見開きで基本文法の概要を配置し、巻末には付録として初級文法のまとめを掲載していますので、適宜参照してください。また、基本語彙の復習と定着、さらには語彙力の強化を図るために、ドイツ語の単語リストを巻末に付けました。単語リストの日本語訳は省略してありますので、覚えていない単語は辞書を引いて確認しましょう。

すべてのテキストに共通するテーマとして、筆者（スザンネ）の故郷のウィーンを選びました。できるだけ日常生活の様々な面を提示することで、異文化に対する関心をもつきっかけにして欲しいと願っています。ぜひ付録の用語集を参照しながら、読み進めてください。

本書が単に学習の役に立つだけではなく、面白く読んで頂けるものとなれば幸いです。

2021 年 2 月
著者

Für viele Studenten sind auch nach Erlernen der Grammatik und dem Meistern einfacher Lehrtexte normale deutsche Texte aus Literatur oder Zeitschriften noch recht mühsam. Abgesehen von grammatikalischen Unsicherheiten ist vor allem der noch geringe Wortschatz ein Hemmnis. Dieses Buch wurde speziell für diese Lernstufe konzipiert.

Große Sorgfalt wurde auf eine schnelle Erweiterung des Wortschatzes gelegt. In den Texten werden Wörter und Wortgruppen oft wiederholt, und auch die Übungen zielen nicht nur auf eine korrekte Grammatik, sondern auch auf eine Verfestigung der erlernten Wörter.

Die Texte sind anfangs grammatikalisch einfach, mit jedem Text steigert sich der Schwierigkeitsgrad ein wenig, und ist schließlich dem normaler Texte nahe. Zusätzlich zu einer kompakten Vorstellung der deutschen Grammatik im Anhang wurde eine sehr kurze Übersicht über die Grundgrammatik an den Anfang gestellt, die je nach Wissensstand der Lernenden verwendet werden kann. Eine Liste mit den als am wichtigsten erachteten deutschen Wörtern im Anhang soll demselben Zweck dienen. Auf eine japanische Übersetzung wurde verzichtet. Falls es Erinnerungslücken geben sollte, können diese mithilfe eines Wörterbuchs gefüllt werden.

Als übergreifendes Thema für alle Texte wurde Susannes Heimatstadt Wien gewählt, wodurch möglichst viele Aspekte des Alltags gezeigt werden und die Lernenden das Wissen über die andere Kultur erweitern können. Das Glossar im Anhang möge ebenfalls dazu beitragen.

Im Ergebnis hoffen wir, dass dieses Buch für alle Leserinnen und Leser nicht nur lehrreich, sondern auch unterhaltsam sei.

Susanne Schermann
Ken Aihara

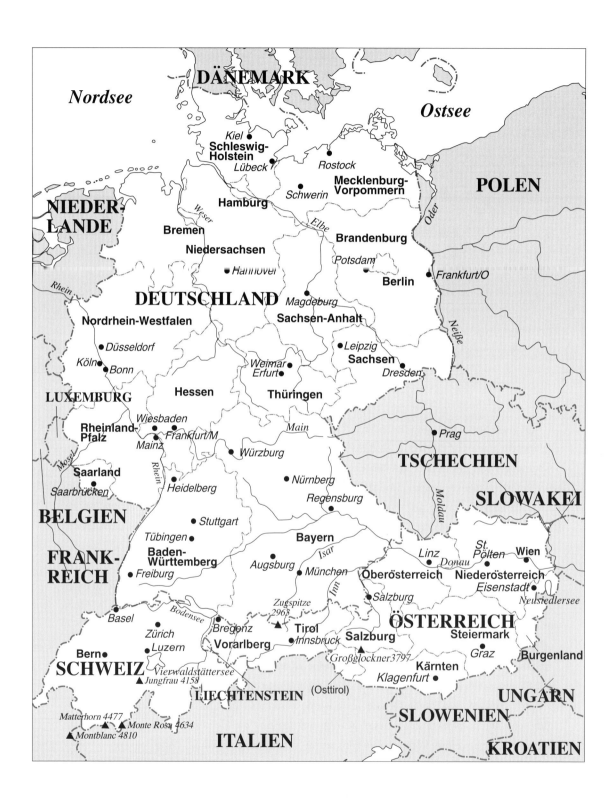

Inhaltsverzeichnis

名詞の格に関する事項 das Substantiv

1 人称代名詞 das Personalpronomen

			1人称	2人称親称	3人称			2人称敬称
単数	1格	〜は、が	ich	du	er	es	sie	Sie
	3格	〜に	mir	dir	ihm	ihm	ihr	Ihnen
	4格	〜を	mich	dich	ihn	es	sie	Sie
複数	1格	〜は、が	wir	ihr		sie		Sie
	3格	〜に	uns	euch		ihnen		Ihnen
	4格	〜を	uns	euch		sie		Sie

2 定冠詞（類）の格変化 die Deklination

定冠詞（der die das）　不定冠詞（ein eine）

	男性	中性	女性	複数
1格	der Braten	das Schnitzel	die Sachertorte	die Würstel
	ein▲ Braten	ein▲ Schnitzel	eine Sachertorte	Würstel
2格	des Bratens	des Schnitzels	der Sachertorte	der Würstel
	eines Bratens	eines Schnitzels	einer Sachertorte	Würstel
3格	dem Braten	dem Schnitzel	der Sachertorte	den Würsteln
	einem Braten	einem Schnitzel	einer Sachertorte	Würsteln
4格	den Braten	das Schnitzel	die Sachertorte	die Würstel
	einen Braten	ein▲ Schnitzel	eine Sachertorte	Würstel

3 重要な前置詞 wichtige Präpositionen

3格支配　aus 〜（の中）から　bei 〜（のところ）で　mit 〜とともに　　nach 〜へ（国・都市・地名）

seit 〜以来　von 〜の、〜から　zu 〜（のところ）へ

4格支配　bis 〜まで　durch 〜を通って　für 〜のために　　gegen 〜に反して

ohne 〜なしに　um 〜のまわりを

3/4格支配：場所を表す9つの前置詞のみ

vor 〜の前 – hinter 〜の後ろ

auf 〜の上 – unter 〜の下 – über 〜の上方

an 〜の側、〜（の表面）に – neben 〜の隣

in 〜の中　zwischen 〜の間

2格支配　statt 〜の代わりに　während 〜の間に（時間的）　wegen 〜のせいで

動詞に関する事項 das Verb

規則動詞　　　　　　　　　　　　　　　　　　　　　　　　　　　不規則変化動詞 sein

	kaufen						sein			
	単数			複数			単数		複数	
1人称	ich	-e	ich kaufe	wir -en	wir kaufen		ich	bin	wir sind	
2人称親称	du	-st	du kaufst	ihr -t	ihr kauft		du	bist	ihr seid	
3人称	er/es/sie	-t	er/es/sie kauft	sie -en	sie kaufen		er/es/sie	ist	sie sind	
2人称敬称	Sie	-en	Sie kaufen	Sie -en	Sie kaufen		Sie	sind	Sie sind	

不規則変化動詞：a－ä型（fahren, schlafen）e－i/e型（sehen, essen）

fahren

ich	fahre	wir fahren
du	**fährst**	ihr fahrt
er/es/sie	**fährt**	sie fahren
Sie	fahren	Sie fahren

essen

ich	esse	wir essen
du	**isst**	ihr esst
er/es/sie	**isst**	sie essen
Sie	essen	Sie essen

② 他動詞と自動詞　transitive und intransitive Verben

他動詞：4格目的語を必要とする動詞　　　Ich **esse** einen Braten, und du **isst** ein Schnitzel.

自動詞：4格目的語を必要としない動詞　　Ich **komme** morgen und **helfe** dir. **Warte** auf mich.

③ 分離・非分離動詞　trennbare und untrennbare Verben

分離前綴り　：ab-, auf-, ein-, mit-, zu- など　　　　　ab|fahren　　Sie fährt morgen **ab**.

非分離前綴り：be-, emp-, ent-, er-, ge-, ver-, zer- など　erfahren　　Ich **er**fahre das heute.

④ 話法の助動詞　Modalverben

	können	müssen	sollen	dürfen	wollen	mögen	mögen
ich	kann	muss	soll	darf	will	mag	möchte
du	kannst	musst	sollst	darfst	willst	magst	möchtest
er/es/sie	kann	muss	soll	darf	will	mag	möchte
wir	können	müssen	sollen	dürfen	wollen	mögen	möchte
ihr	könnt	müsst	sollt	dürft	wollt	mögt	möchtet
sie/Sie	können	müssen	sollen	dürfen	wollen	mögen	möchten
主な意味	できる	しなければならない	すべきである	してもよい	するつもりである	かもしれない	したいのですが
否定詞とともに	できない	する必要がない	すべきでない	してはならない（禁止）	するつもりでない	――	したくないのですが

Wann **möchtest** du nach Wien fahren?

Ich **will** im Mai fahren, aber ich **muss** zur Uni gehen. Ich **kann** nur im August fahren.

⑤ 三基本形（不定形―過去基本形―過去分詞）　die drei Grundformen: Infinitiv, Präteritum, Partizip Perfekt

規則動詞：[語幹]en ― [語幹]te ― ge[語幹]t

過去形 das Imperfekt：過去基本形に過去人称変化語尾をつける。

		kaufen	sein
ich	-	kaufte	war
du	-(e)st	kauftest	warst
er/es/sie	-	kaufte	war
wir	-(e)n	kauften	waren
ihr	-t	kauftet	wart
sie/Sie	-(e)n	kauften	waren

Er **war** in Wien und **kaufte** eine Sachertorte.

現在完了形 das Perfekt：完了の助動詞 haben または sein と、過去分詞（文末）を使う。

Sie **ist** in Wien **gewesen** und **hat** eine Sachertorte **gekauft**.

Wien ist anders

Die Deutschen laufen. Sie sagen: Ich bin zur Uni gelaufen. Ich bin erstaunt: „So sportlich!"
Doch die Deutschen laufen nicht wirklich. Für sie ist „laufen" einfach „gehen".

Ich hatte einmal in Wien ein verwirrendes Gespräch mit einer deutschen Freundin.

Ich: Ich bin heute vom *Riesenrad* bis zum *Lusthaus* gegangen. 5

Die deutsche Freundin: Was? Du bist so weit gelaufen?

Ich: Nein, ich bin nicht gelaufen, ich bin gegangen.

Die deutsche Freundin: Das sage ich doch, du bist gelaufen.

Ich: Nein, ich bin gegangen.

Und so weiter. 10

Später habe ich dieses Missverständnis verstanden. Die Deutschen laufen, die Wiener gehen.
Man kann auch sagen: In Wien geht (!!) alles ein bisschen langsamer. Mehrere Menschen sollen
gesagt haben: „Beim Weltuntergang möchte ich in Wien sein. Dort passiert alles fünf Jahre später."

Das ist nicht immer ein Lob. Wien ändert sich nur langsam. Sehr langsam. Die Häuser sind 15
meist über 100 Jahre alt. Firmen bestehen seit 200 Jahren. Manche schreiben auch jetzt noch: „K.k.
(kaiserlich-königlicher) Hoflieferant" auf ihre Produkte. Sie haben ihre Waren nämlich auch an den
Wiener Kaiserhof geliefert. Die Monarchie existiert aber seit über 100 Jahren nicht mehr! Aber für
viele Wiener existiert sie weiter, und zwar in ihren Köpfen.

In Wien gibt es daher viel Tradition. Aber Wien ist nicht nur Tradition. Es gibt viele öffentliche 20
Parks, es gibt viele Kaffeehäuser. Die öffentliche Sicherheit ist hoch, die Mieten sind günstig. Es gibt
viele Angebote für die Freizeit, und oft sind sie umsonst. Und der öffentliche Nahverkehr ist gut und
billig: es gibt ein gutes Netz von U-Bahnen, Straßenbahnen und Bussen. Viele Dinge gibt es nur in
Wien. „Wien ist anders." So sagt die Werbung der Stadt Wien.

Wien ist wirklich ein bisschen anders. Ich komme aus Wien, und ich möchte hier meine Stadt 25
vorstellen. Vielleicht lieben Sie Wien dann auch.

---

erstaunt 驚いた	der Weltuntergang (die Welt +	öffentlich 公立の、公共の
verwirrend 混乱している	untergehen) この世の終わり	die Sicherheit 安全
das *Riesenrad* 大観覧車	das Lob 称賛	das Angebot
das *Lusthaus* ルストハウス（プラー	sich ändern 圄変わる、変化する	提供、供給、申し出、オファー
ター公園内にある建物、現在はカフェ・	der Hoflieferant (der Hof + liefern)	umsonst 無料で
レストラン）	宮廷御用達	der Nahverkehr 近距離交通
das Missverständnis (miss +	der Kaiserhof 皇帝の宮殿	die U-Bahn 地下鉄
verstehen) 誤解	die Monarchie 君主制	die Straßenbahn 市電

Auf dem Stephansturm

KONVERSATION

① Vor der *Oper*

♪002
CD1-02

   A: Entschuldigen Sie bitte, wie komme ich zur *Karlskirche*?

   B: Die ist gleich dort. Geradeaus, drei Minuten zu Fuß.

② Vor der *Karlskirche*

♪003
CD1-03

   A: Entschuldigung, wo ist das *Rathaus*?

   B: Da nehmen Sie die Straßenbahn. Linie 1 in Richtung *Prater Hauptallee*, ungefähr zehn Minuten Fahrt. Oder besser die U2, die ist schneller.

ÜBUNG   Sie möchten zur *Hofburg* gehen. Fragen Sie einen Passanten nach dem Weg.

Ich gehe gern auf den Südturm des *Stephansdoms*. Er ist viel höher als der Nordturm. Bis zur Türmerstube sind es 343 Stufen, und es gibt keinen Lift. Früher, vor über 100 Jahren, hat der Türmer dort gewohnt. Er warnte die Stadt vor Bränden und Feinden. Was war das für ein Leben, hoch über allen Häusern?

Man sagt im Deutschen „Jetzt schlägt es 13!". Das bedeutet: „Das geht zu weit", oder „Das ist 5
zu viel!" Es gibt in Wien eine Geschichte zur Entstehung dieses Ausdrucks. Vor vielen Jahren blickte angeblich jemand beim 12-Uhr-Schlagen der Turmuhr aus dem Südturm, stieß dabei versehentlich an die Uhrglocke und fiel erschrocken aus dem Fenster in den Tod. Die Glocke schlug also ein dreizehntes Mal. Die Menschen in der Stadt hörten die Uhr 13 Mal schlagen und erschraken. Die Zahl 13 bedeutet nämlich Unglück. 10

Warum hat dieser Mensch aus dem Fenster geblickt? Ich verstehe das sehr gut. Von diesem Turm hat man nämlich eine wunderbare Aussicht über die Stadt, bis zum *Wienerwald*. Keine Angst, es gibt heute Gitter vor den Fenstern! Von hier kann man die Innenstadt sehr gut sehen, zum Beispiel die *Peterskirche*, die *Hofburg*, die *Staatsoper*, die *Karlskirche*.

Die Stadt Wien von oben ist rot und grün, denn die alten Dächer sind entweder rot oder 15
grün. Viele Wohnhäuser haben ein rotes Ziegeldach. Der Lehm für die Ziegel kommt aus dem Süden Wiens, vom *Wienerberg*. Und das Grün? Viele Kirchen, aber auch die *Staatsoper* oder das *Parlament*, haben ein Kupferdach. Kupfer ist eigentlich rötlich, wird aber mit den Jahren hellgrün. Ich finde diese alten Dächer schöner als die neuen.

Man kann große Teile der Stadt vom *Stephansdom* aus überblicken, denn im Stadtzentrum sind 20
Hochhäuser verboten. Hochhäuser gibt es in Wien erst seit der zweiten Hälfte des 20. Jahrhunderts, seit den Siebzigerjahren. Auch heute sind in Wien nur vier Gebäude höher als der *Stephansdom*, und alle sind in einiger Entfernung vom Zentrum. Sie befinden sich an der Donau bei der *UNO-City* und auf dem *Wienerberg* im Süden.

Gehen Sie auf den *Stephansturm*. Den Türmer gibt es heute nicht mehr, niemand wohnt 25
mehr dort oben, auf 73 Meter Höhe über den Dächern Wiens, aber in der Türmerstube ist jetzt ein Souvenirstand. Die Verkäufer müssen daher jeden Tag die 343 Stufen hinaufgehen – und am Abend wieder hinunter. Ich hoffe, das zählt zur Arbeitszeit.

der Turm 塔 (der Südturm, der Nordturm, die Turmuhr)	die Entstehung 成立	der Lehm 粘土、赤土 (ローム)
die Türmerstube 塔の見張り部屋	angeblich 当事者の言によると	das Kupfer 銅
der Türmer 塔の番人	die Glocke 鐘	das Stadtzentrum 都心
warnen 他 ～に対して警告する	erschrecken 自 驚く	das Hochhaus 高層建築物
der Brand 火災	das Gitter 格子	das Gebäude 建物
der Feind 敵	die Innenstadt 市の中心部	die Entfernung 距離
schlagen 自 時鐘を打つ	das Dach 屋根	der Souvenirstand みやげ物屋
	der Ziegel レンガ	

▶ TEXTVERSTÄNDNIS

1. **Fragen zum Text** テキストについての質問

   1) Wo hat der Türmer gewohnt?

   2) Wo sind die Hochhäuser in Wien?

2. **Wählen Sie die beste Antwort aus.** 正しい答えを選びなさい。

   1) Warum hat die Turmglocke 13 Mal geschlagen?

   　a) Jemand fiel aus dem Fenster.

   　b) Jemand stieß an die Glocke.

   　c) Jemand blickte aus dem Fenster.

   2) Welche Farbe haben die alten Dächer in Wien?

   　a) Viele alte Dächer sind grün oder rot.

   　b) Alle Dächer sind grün oder rot.

   　c) Sie haben ein Kupferdach.

   3) Was ist die Arbeit eines Türmers?

   　a) Er schlägt die Uhrglocke.

   　b) Er geht jeden Tag die 343 Stufen auf den Südturm des Stephansdoms.

   　c) Er warnt vor Bränden und Feinden.

▶ WORTSCHATZ

3. **Suchen Sie zusammengesetzte Substantive im Text.**
   本文中の合成名詞を探しなさい (固有名詞を除く)。

4. **Verbinden Sie die Farben mit ihrer Bezeichnung.** 色とドイツ語の単語を組み合わせなさい。

青	赤	黄	黒	白	茶	灰色	緑

   blau　braun　gelb　grau　grün　rot　schwarz　weiß

5. **Suchen Sie im Wörterbuch nach zusammengesetzten Wörtern, die Farben beinhalten.**
   辞書を使って色を表す合成名詞をいくつか挙げなさい。

▶ AUSSPRACHE UND HÖRVERSTÄNDNIS

6. **Ergänzen Sie die zweite Hälfte der Wörter.** 🎵005 CD1-05
   音声を聞いて単語の後半を補いなさい。

   Vo__ de__ Fens_____ de__ Stephan_____ ha__ ma__ ei__ wunde_____ Auss_____.

   I__ Stadtz_____ vo__ Wi__ gi__ e__ kei__ Hochh_____.

7. **Welche Vorsilbe ist unbetont?**　下線部にアクセント（強勢）がない単語を選びなさい。 🎵006 CD1-06
   ☐ <u>Aus</u>druck　☐ <u>Bei</u>spiel　☐ <u>Ent</u>fernung　☐ <u>Un</u>glück

8. **Welcher Wortteil wird anders ausgesprochen?** 🎵007 CD1-07
   下線部の発音が他と異なる単語を選びなさい。

   ☐ bed<u>eu</u>ten　☐ Geb<u>äu</u>de　☐ H<u>äu</u>ser　☐ h<u>eu</u>te　☐ Hochh<u>au</u>s

9. **Hören Sie die Aufnahme und setzen Sie die richtige Zahl ein.** 🎵008 CD1-08
   音声を聞いて、数字を入れなさい。

   Der Südturm des *Stephansdoms* ist _____ Meter hoch. Im Südturm sind _____ Glocken, im Nordturm nur eine, die *Pummerin*, sie ist aber sehr groß. Sie läutet zum Jahreswechsel.

▶ GRAMMATIK

10. **Setzen Sie den Satz ins Perfekt.**　次の文を現在完了形に書き換えなさい。
    1) Lernen Sie Deutsch?（規則動詞）
    2) Ich gehe gern in die Oper.（不規則動詞、三基本形：gehen — **ging** — **gegangen**）

11. **Suchen Sie im Text alle acht Verben im Imperfekt und trennen Sie sie in regelmäßige und unregelmäßige Verben.**　テキストから過去形を 8 つ探し、三基本形が規則変化（弱変化）になるものと不規則変化（強変化）になるものに分けなさい。

12. **Setzen Sie den Komparativ ein und übersetzen Sie.**　比較級を下線部に補い、日本語にしなさい。

    1) Das Leben in Wien ist _____ als in Tokyo.（langsam）

    2) Der Stephansdom ist _____ als die *Karlskirche*.（alt）

◎ Wien　ウィーンとは

　ウィーンは中央ヨーロッパにおける交通の要衝です。アルプス山脈の東端をかすめて西から東へと流れるドナウ川、バルト海とイタリアを南北に結ぶ琥珀の道がちょうど交差する場所に位置し、既に古代ローマ時代には対ゲルマンの防衛拠点ウィンドボナとして歴史にその名を刻んでいます。ローマ帝国はドナウ川を国境としていたので、現在でも旧市街をはじめ、ウィーンの主な部分は南側にあります。旧市街の中心には、街のシンボルであるシュテファン大聖堂が 12 世紀からそびえ立っています。

　中世以降、旧市街の周囲にはオスマントルコの包囲に対抗するため堅固な市壁と壕が張り巡らされていましたが、外敵の脅威が去った 19 世紀後半には取り壊され、その跡地に環状の大通り「リング（der Ring）」が敷設されました。一周 4km の通り沿いには、国立オペラ座、美術史美術館、国会議事堂、市庁舎、ウィーン大学など、古今東西のさまざまな様式を取り入れた壮麗な歴史主義建築の建物が並んでいます。

Es ist kompliziert

Einspänner

Kapuziner

KONVERSATION Im Kaffeehaus

① Ober: Sie wünschen?

   Gast : Ich möchte einen *kleinen Braunen* und eine *Sachertorte* mit Schlag, bitte.

   Ober: Kommt sofort.

🎵 009
CD1-09

② Gast : Herr Ober, bitte zahlen!

   Ober: Also, das war ein *kleiner Brauner* und eine *Sachertorte*, das macht 8 Euro 60.

   Gast : 10, bitte.

   Ober: Danke schön.

🎵 010
CD1-10

der Ober　ウエイター

ÜBUNG Bestellen Sie etwas im Kaffeehaus.

Sie kennen sicher Kaffeehäuser. Normalerweise geht man in ein Kaffeehaus und bestellt einen Kaffee. Dann bekommt man einen Kaffee. Das ist einfach, nicht wahr?

Aber Vorsicht, in Wien ist es kompliziert. In Wien geht man in ein Kaffeehaus und bestellt einen Kaffee. Dann fragt der Ober: „Welchen?"

Es gibt nämlich keinen „Wiener Kaffee". Es gibt den Kaffee stark oder schwach, mit Milch oder   5
ohne Milch, mit wenig Milch oder mit viel Milch, und natürlich heiß oder kalt, und das ist noch nicht alles.

Man kann den Kaffee auch „mit Schlag" trinken. „Mit Schlag"? Was? Was heißt das? Der Ober schlägt mich? Hilfe! Nein, keine Angst, „Schlag" ist kurz für „Schlagsahne". Übrigens heißt Schlagsahne in Wien nicht Schlagsahne, sondern Schlagobers.   10

Ein schwarzer Kaffee mit ein bisschen Schlag heißt „*Kapuziner*". Warum Kapuziner? Der Kaffee hat die Farben einer Kapuzinerkutte, dunkelbraun (Kutte) und weiß (Gürtel). In Italien heißt der Kapuziner „*Cappuccino*" (aber dort verwendet man nicht Schlagobers, sondern Milchschaum). Den *Cappuccino* kennen Sie wahrscheinlich! Das Original kommt aus Wien.

Ein schwarzer Kaffee mit sehr viel Schlagobers heißt „*Einspänner*". Was ist ein Einspänner?   15
Das ist eine Kutsche mit einem Pferd. Ein Kutscher hat nicht viel Zeit zum Trinken. Das Schlagobers hält den Kaffee warm. Daher Achtung: Einen *Einspänner* rührt man nicht um. In Japan heißt der *Einspänner* übrigens „Wiener Kaffee". Und übrigens heißt eine Kutsche in Wien nicht Kutsche, sondern Fiaker.

Beliebte Kaffees sind der „*kleine Braune*", das ist ein kleiner brauner Kaffee, also ein Kaffee mit   20
Milch. Dann gibt es noch die „*Melange*", das ist halb Kaffee, halb Milch.

Interessant ist auch der „*Verlängerte*", das ist ein Kaffee mit viel Wasser. Der Kaffee ist also mit Wasser „verlängert" und nicht sehr stark.

Nehmen Sie Zucker in den Kaffee? Viele Menschen nehmen keinen Zucker. Sie essen nämlich eine Süßspeise zum Kaffee. Die Mischung von süß und bitter schmeckt gut. Übrigens heißt   25
Süßspeise in Wien Mehlspeise.

Es ist kompliziert mit dem Kaffee! Klein, groß, braun, schwarz, stark, schwach, lang, kurz, süß, bitter, ... Ich trinke nur mehr Tee, das ist viel einfacher. Mit Milch. Keinen *Earl Grey*, bitte. *English Breakfast* ist gut. *Darjeeling* auch, dann aber ohne Milch. Und vier Minuten ziehen lassen, bitte!

die Vorsicht　注意
kompliziert　複雑な、込み入った
die Schlagsahne, das Schlagobers
　ホイップクリーム
die Kapuzinerkutte (der Kapuziner
　+ die Kutte)　カプチン会修道士の修
　道服

der Milchschaum
　フォームドミルク（ホイップミルク）
der Einspänner
　アインシュペナー、一頭立ての馬車
die Kutsche, der Fiaker　馬車
der Kutscher　御者
(die) Achtung　注意

um|rühren　他　～をかき混ぜる
ziehen
　自　引く、（味・香りが）よく出る
ziehen lassen　（味・香りを）出させる

▶ TEXTVERSTÄNDNIS

1. Richtig oder falsch?　本文の内容と合っていますか。

　1) „Mit Schlag" bedeutet mit Schlagobers, also Schlagsahne.

　2) In Wien trinkt man oft einen *kleinen Braunen*.

2. Wählen Sie die beste Antwort aus.　正しい答えを選びなさい。

　1) Warum rührt man einen *Einspänner* nicht um?

　　a) Ein Kutscher hat nicht viel Zeit zum Trinken.

　　b) Der Kaffee schmeckt besser.

　　c) Der Kaffee bleibt länger heiß.

　2) Was ist der Unterschied zwischen einem *Kapuziner* und einem *Cappuccino*?

　　a) Beim *Kapuziner* verwendet man Schlagobers, beim *Cappuccino* Milchschaum.

　　b) Der *Kapuziner* ist ohne Zucker, der *Cappuccino* ist mit Zucker.

　　c) Es gibt keinen Unterschied.

▶ WORTSCHATZ

3. Suchen Sie den Gegensatz.　本文から反意語を探しなさい。

stark ↔ _____　　　wenig　↔ _____

heiß ↔ _____　　　klein　↔ _____

mit ↔ _____　　　einfach ↔ _____

lang ↔ _____　　　verkürzen ↔ _____

4. Übersetzen Sie.　日本語にしなさい。

　1) Der Kaffee ist heiß.

　2) Dieser Kaffee heißt „*Melange*".

5. Suchen Sie Wörter, die Sie bei Gefahr oder in Notsituationen verwenden können.
危険の際や緊急時に使える言葉を本文から探しなさい。

6. **Welcher Wortteil wird anders ausgesprochen?** ♪012 CD1-12

   下線部の発音が他と異なる単語を選びなさい。

   1) ☐ beliebt ☐ Italien ☐ viel ☐ Wien ☐ ziehen

   2) ☐ bestellen ☐ bisschen ☐ Mischung ☐ schwarz

7. **Ausspracheübung: Wiederholen Sie.** 音声を聞いて繰り返しなさい。 ♪013 CD1-13

   ☐ die Hilfe ☐ kompliziert ☐ die Milch ☐ die Minute ☐ das Original

   ☐ Einen *kleinen Braunen*, bitte.

8. **Hören Sie die Aufnahme und setzen Sie die richtige Zahl ein.** ♪014 CD1-14

   音声を聞いて、数字を入れなさい。

   A: Eine große *Sachertorte* kostet _____ Euro.

   B: So viel? Sie muss sehr groß sein.

   A: Ja, das sind _____ große Tortenstücke.

9. **Setzen Sie die richtige Endung ein.** 下線に正しい語尾を補いなさい。

   1) der Kaffee Das ist ein schwarz_____ Kaffee.

      Der schwarz_____ Kaffee ist stark.

      Ich trinke den schwarz_____ Kaffee.

      Der Geschmack des schwarz_____ Kaffees ist gut.

      Ich nehme immer Zucker mit schwarz_____ Kaffee.

   2) der Tee Das ist ein grün_____ Tee.

      Ich liebe grün_____ Tee.

   3) die Milch Das ist eine warm_____ Milch.

      Ich trinke gern warm_____ Milch.

      Der Geschmack der warm_____ Milch erinnert mich an meine Kindheit.

10. **Suchen Sie drei Sätze mit dem Subjekt an dritter Stelle.**

    主語が第3位に置かれた文を本文から3つ探しなさい。

◉ **Kaffeehaus und Trinkgeld カフェハウスとチップ**

ユネスコの無形文化遺産に指定されているウィーンのカフェハウス文化。昔は、社交兼光熱費節約のためにカフェハウスで暮らしているような人もいました。カフェハウスで郵便を受け取ることもできたのです。詩人のペーター・アルテンベルクは、自分の住所を「カフェ・ツェントラール」と答えていたほどでした。現在でも、コーヒー一杯で何時間も滞在することができ、新聞や雑誌、ボードゲームの類いまで常備されています。

　煩雑に感じるチップのやり取りにも理由があります。住み込みの若い給仕は見習い扱いだったので無給でした。若い見習いに客が飲代として小銭を渡したのがチップ（das Trinkgeld）の始まりです。現在では給料は支払われていますが、チップが重要な収入源であることには変わりありません。だいたい会計の一割程度を上乗せしますが、細かい計算をするのではなく、きりが良い金額で支払うのがマナーです。もしチップを払わないと、「何か問題がありましたか？」と尋ねられるかもしれませんよ！？

KAPITEL ❸

Das isst man in Wien wirklich

Palatschinken

Kaiserschmarren

Apfelstrudel

Milchreis

Sachertorte

KONVERSATION

① Im Restaurant

🎵 015
CD1-15

    Ober : Grüß Gott! Zu trinken?

    Gast 1: Einmal Mineralwasser und ein Glas Rotwein, bitte.

    Ober : Das Mineralwasser prickelnd oder still?

    Gast 2: Still, bitte.

② Im Gasthaus

🎵 016
CD1-16

    Ober: Sie wünschen?

    Gast : Ich hätte gern ein *Schnitzel* mit Salat.

    Ober: Bitte schön.

prickelnd 炭酸入り   still 静かな、炭酸無し

ÜBUNG Bestellen Sie etwas zum Essen.

Die Wiener Küche ist bekannt für *Wiener Schnitzel*, *Schweinsbraten* und *Gulasch*, alles Gerichte mit viel Fleisch und für Vegetarier daher denkbar ungeeignet. Aber eigentlich isst man das nicht jeden Tag.

In meiner Familie gab es nur am Sonntag und an Feiertagen Fleisch. Fleisch war nämlich teuer, es war ein Luxus. Am Freitag gab es Fisch, denn am Freitag dürfen Katholiken kein Fleisch   5
essen – das haben viele Menschen aber heute vergessen. An den meisten anderen Tagen (Montag, Dienstag, etc.) gab es Gemüse oder Reste oder Mehlspeisen. Gemüse ist klar, aber was sind Reste? Reste sind übrig gebliebenes Essen. Vom *Schweinsbraten* bleiben oft die *Knödel* übrig. Die *Knödel* werden klein geschnitten und in der Pfanne gebraten, dann kommt noch ein Ei darüber, sozusagen die österreichische Variante von *Chahan*. Das heißt dann *Geröstete Knödel*. Ähnliches gilt für die   10
Nockerl vom *Gulasch*, diese Speise wird *Eiernockerl* genannt. Dazu gibt es einen Salat. Und aus Pasta macht man *Schinkenfleckerl*.

Und dann die Mehlspeisen. Was ist das? Das Wort Mehlspeise besteht aus den Wörtern Mehl und Speise und bedeutet daher Speisen mit Mehl. Aber der Zucker ist vielleicht noch wichtiger, denn Mehlspeisen sind immer süß: die *Palatschinke* (meist in der Mehrzahl, also die *Palatschinken*,   15
denn man isst selten nur eine), der *Reisauflauf*, der *Kaiserschmarren* oder der *Apfelstrudel*. Diese Speisen werden meistens warm gegessen. Diese warmen Mehlspeisen sind also eigentlich eine Hauptmahlzeit, keine Zwischenmahlzeit. Bei uns zu Hause waren sie auch eine Hauptmahlzeit, mit einer Suppe davor. Das ist eine billige Mahlzeit.

In Wien heißt die Zwischenmahlzeit am Nachmittag Jause. Zur Jause isst man oft eine Torte.   20
Torten gehören auch zu den Mehlspeisen, aber sie werden kalt gegessen. Am berühmtesten ist natürlich die *Sachertorte*, das ist eine Schokoladentorte. Das Schlagobers dazu darf nicht gezuckert sein, sonst ist das zu süß.

Und in Wien darf man die Würstel nicht vergessen! Am beliebtesten sind die *Frankfurter* (Würstel). Überall anders auf der Welt werden sie *Wiener* genannt. Die gibt es auch im Kaffeehaus,   25
aber am Würstelstand schmeckt es am besten. Dort gibt es viele verschiedene Würstel. Probieren Sie dort die *Burenwurst*, auch einfach Heiße (Wurst) genannt. Dazu gibt es ein Brot oder eine Semmel.

In den letzten Jahrzehnten hat der Würstelstand aber starke Konkurrenz bekommen: Der türkische *Döner Kebab* wird immer populärer. Übrigens ist das *Gulasch* aus Ungarn eingewandert, und das *Wiener Schnitzel* hat Verwandte in Italien. Und das ist auch gut so, denn das Ergebnis   30
schmeckt herrlich. Mahlzeit!

das Gericht, die Speise 　料理、食物	rösten 他 〜をあぶる die Mehlspeise 菓子、ケーキ	der Würstelstand 　ソーセージスタンド
ungeeignet 　ふさわしくない、不適当な	die Hauptmahlzeit メインの食事 das Haupt, der Kopf 頭	populär 人気のある ein|wandern 自 移住・入植する
der Rest 残り物	Haupt- 主な、メインの	das Ergebnis 結果
übrig bleiben （物が）残っている	die Zwischenmahlzeit 間食	Mahlzeit! (als Gruß)
braten 他 〜を焼く、ローストする	die Torte タルト	（挨拶）いただきます、どうぞ召し上が
sozusagen いわゆる	das Würstel ソーセージ	りください

◤ TEXTVERSTÄNDNIS

1. **Fragen zum Text** テキストについての質問

    1）Wo kann man Würstel essen?

    2）Warum ist das Schlagobers nicht gezuckert?

2. **Wählen Sie die beste Antwort aus.** 正しい答えを選びなさい。

    1）Wie ist eine Mehlspeise?

    　　a）Eine Mehlspeise ist teuer.

    　　b）Eine Mehlspeise kann süß und salzig sein.

    　　c）Eine Mehlspeise ist immer süß.

    2）Wann isst man traditionell die warmen Mehlspeisen?

    　　a）Man isst sie als Zwischenmahlzeit.

    　　b）Man isst sie als Hauptmahlzeit.

    　　c）Man isst sie am Abend.

◤ WORTSCHATZ

3. **Suchen Sie alle Wochentage im Text, und ergänzen Sie die fehlenden.**
   本文から曜日の名前を探し、足りない曜日を補いなさい。

4. **Welches Wort passt nicht?** 他の単語と合わない単語を選びなさい。

    1）☐ Fleisch　☐ Fisch　☐ Gemüse　☐ Jause　☐ Obst　☐ Wurst

    2）☐ braten　☐ rösten　☐ schneiden　☐ vergessen　☐ zuckern

5. **Sie kennen jetzt das Wort *Hauptmahlzeit*. Raten Sie, was die Wörter *Hauptstadt* und *Hauptsache* bedeuten.**
   Hauptmahlzeit の意味から、Hauptstadt と Hauptsache の意味を推測しなさい。

◤ AUSSPRACHE UND HÖRVERSTÄNDNIS

6. Welcher Buchstabe wird anders ausgesprochen?
下線部の発音が他と異なる単語を選びなさい。

018 CD1-18

1) ☐ <u>F</u>amilie ☐ <u>V</u>egetarier ☐ <u>v</u>iel ☐ <u>v</u>ergessen

2) ☐ <u>V</u>ariante ☐ <u>v</u>ielleicht ☐ <u>W</u>iener ☐ <u>W</u>ürstel

7. Gleiche Aussprache oder andere Aussprache? 下線部の発音は、同じですか。

019 CD1-19

1) Torten ge<u>h</u>ören zu den M<u>eh</u>lspeisen.

2) Mehlspeisen sind d<u>a</u>her eine Hauptm<u>ah</u>lzeit.

8. Ausspracheübung: Wiederholen Sie. 音声を聞いて繰り返しなさい。

☐ der *Apfelstrudel* ☐ das *Gulasch* ☐ das *Knödel* ☐ das *Schnitzel*

☐ der *Schweinsbraten* ☐ Was ist das?

020 CD1-20

◤ GRAMMATIK

9. Bringen Sie die Wörter in die richtige Reihenfolge. 日本語を参考に単語を並べ替えなさい。

1) 肉は甘いものよりも高価だ。

als, eine, Fleisch, ist, Mehlspeise, teurer

2) 金曜日には魚が食べられる。

am, Fisch, Freitag, gegessen, wird

10. Setzen Sie den Satz ins Passiv. 受動態に書き換えなさい。

Auch im Kaffeehaus isst man Würstel.

11. Setzen Sie den Satz ins Aktiv. 能動態に書き換えなさい。

1) Die *Knödel* werden klein geschnitten.

2) Die *Burenwurst* wird oft „Heiße" genannt.

12. Übersetzen Sie. 日本語にしなさい。

1) Der türkische *Döner* wird immer populärer.

2) Am Würstelstand schmeckt es am besten.

Mahlzeiten 食事

　昔は肉体労働に従事する人が多く、労働時間も一日 10 時間と長かったので、一日 3 回のメインの食事（die Hauptmahlzeit）のほかに、2 回の間食（die Zwischenmahlzeit）の時間を設けるのが普通でした。だいたい、朝食（das Frühstück）が 7 時、午前のおやつ（das Gabelfrühstück）が 10 時、昼食（das Mittagessen）が 13 時、午後のおやつ（die Jause）が 16 時、夕食（das Nachtmahl）が 19 時でした。

　伝統的に、朝食はパンとジャムとコーヒーといった冷たい食事です。昼食には、肉に野菜などを添えた温かい食事をとります。昼食が一日の食事で最も重要とされ、いったん自宅に帰って食べることも多かったので、昼間はほとんどの店が閉まっていました。夕食も朝と同様、パンにハムやチーズで簡単に済ませます。

　昼の温かい食事には、パンではなく、パスタ、団子、米、ジャガイモのいずれかを食べます。つまり、ジャガイモは付け合わせではなく主食なので、米やパンと一緒には食べません。

KAPITEL 4

Die Hauptstadt der Musik?

KONVERSATION

① An der Stehplatzkassa

♪ 021
CD1-21

Besucher	: Grüß Gott! Ich möchte eine Stehplatzkarte im Parterre, bitte.
Person an der Kassa	: Parterre ist aus. Galerie?
Besucher	: Ja, dann Galerie, bitte.
Person an der Kassa	: Macht zehn Euro.

② An der Opernkassa

♪ 022
CD1-22

Besucher	: Haben Sie noch Karten für die *Zauberflöte* morgen?
Person an der Kassa	: Ja, es gibt noch eine Karte für 36 Euro und mehrere für 141 Euro.
Besucher	: Wo sitze ich für 36 Euro?
Person an der Kassa (zeigt den Saalplan)	: Hier.
Besucher	: Ja, bitte, die nehme ich.

das Parterre 1階　　aus sein 終わる、売り切れる　　die Galerie 桟敷　　die *Zauberflöte* 『魔笛』

ÜBUNG Fragen Sie nach einer Karte für *Fidelio*.

Wien ist die Hauptstadt der Musik.

Doch das heißt nicht, dass man überall Musik hören kann. Wir singen und tanzen auch nicht auf der Straße. Ich glaube sogar, dass man in einer durchschnittlichen japanischen Stadt öfter Musik hört als in Wien. In den japanischen Einkaufsstraßen hört man Musik, viele Restaurants spielen Musik. Auch in vielen Geschäften gibt es Musik.   5

Das ist in Wien alles nicht denkbar. In den Kaffeehäusern hört man nur das leise Klirren eines Löffels, das Umblättern einer Zeitung, die Stimmen der Menschen oder das Bewegen der Figuren auf einem Schachbrett. Nur manchmal spielt jemand auf dem Klavier. Auch auf der Straße habe ich nur selten Musik gehört, außer live von Straßenmusikanten. Das gibt es schon, denn viele Musikstudenten verdienen sich so ihr Studium.   10

Warum wird Wien dann die Hauptstadt der Musik genannt? Das hat einen anderen Grund: Jeden Tag finden viele Konzerte statt. Es gibt außerdem drei große Opernhäuser in Wien, und zwar neben der *Staatsoper* und der *Volksoper* auch das *Theater an der Wien*, das sich in den letzten Jahren auf Opern und Musicals spezialisiert hat. Und dann gibt es die *Kammeroper*. Das ist ein kleines Opernhaus, das ebenfalls Opern spielt.   15

Das ist wahrscheinlich einmalig auf der Welt – es gibt nur wenige Städte mit mehr als einem Opernhaus, und dieses spielt auch nicht jeden Tag. Die Wiener *Staatsoper* hat aber außerdem jeden Tag eine andere Oper auf dem Programm. Die Saison beginnt Anfang September und endet Ende Juni. Im Sommer sind Ferien, das muss sein.

Wichtig ist auch, dass Musik in Wien kein teures Vergnügen ist. Die billigsten Plätze in der   20
Staatsoper sind Stehplätze, sie kosten nur zehn Euro. Man kann diese Karten erst kurz vor der Vorstellung kaufen, aber manchmal muss man sich dafür Stunden vorher anstellen. Dieses System gibt es auch im *Wiener Musikverein*. Den *Musikverein* kennen Sie vielleicht vom Neujahrskonzert, das jedes Jahr am ersten Jänner stattfindet.

Und das ist noch nicht alles. Es gibt viele Gratiskonzerte. Die Studenten der Wiener Universität   25
für Musik geben oft Konzerte bei freiem Eintritt, oder man kann bei den öffentlichen Prüfungen zuhören. Und das Unglaubliche ist, dass auch die *Wiener Philharmoniker* gratis spielen. Sie geben jedes Jahr im Juni ein Konzert im Schlossgarten von *Schönbrunn*. Dieses Sommernachtskonzert ist kostenlos. Man kann einfach hingehen und die Musik hören. Und wissen Sie, dass Sie auch die Musik der *Wiener Staatsoper* gratis hören können? Die Oper zeigt viele ihrer Vorstellungen live auf   30
einer großen Leinwand vor der Oper. Da kann man sich die ganze Oper gratis ansehen und -hören.

Das ist sie, die Stadt der Musik!

durchschnittlich　平均の、普通の
die Einkaufsstraße　商店街
klirren　📖 かちゃかちゃ音をたてる
um|blättern　📖 ～のページをめくる
　（das Blatt, umrühren）
die Figur　チェスなどの駒
das Schachbrett　チェス盤
der Straßenmusikant　ストリート
　ミュージシャン、辻音楽師

das Opernhaus　オペラハウス
die Saison　シーズン
das Vergnügen　楽しみ
der Stehplatz　立見席
die Vorstellung　上演、紹介
sich an|stellen　📖 列に並ぶ
das Neujahrskonzert
　ニューイヤーコンサート

statt|finden
　📖 催す、開催される、行われる
der Eintritt　入場
unglaublich　信じられないような
der Schlossgarten　宮殿の庭園
die Leinwand　スクリーン

▶ TEXTVERSTÄNDNIS

1. **Fragen zum Text**　テキストについての質問
   Welche Opernhäuser gibt es in Wien?

2. **Wählen Sie die beste Antwort aus.**　正しい答えを選びなさい。
   Wo hört man in Wien nicht oft Musik?
   - a) In der Oper.
   - b) Im Konzertsaal.
   - c) Im Kaffeehaus.

3. **Richtig oder falsch?**　本文の内容と合っていますか。
   1) Die billigste Karte für die *Staatsoper* kostet zwölf Euro.
   2) Musik in Wien ist ein teures Vergnügen.

▶ WORTSCHATZ

4. **Suchen Sie die Namen der Monate im Text und ergänzen Sie.**
   本文から月の名前を探し、足りない月を補いなさい。

5. **Woher kommen die folgenden Wörter?**　次の単語の成分を考えなさい。
   1) denkbar _____
   2) einmalig _____
   3) kostenlos _____
   4) unglaublich _____

6. **Suchen Sie zwei Synonyme für „freier Eintritt".**
   「入場無料」の同義語を本文から探しなさい。

7. **Vergleichen Sie *kennen* und *wissen*. Finden Sie den Unterschied?**
   kennen と wissen の違いを指摘しなさい。
   1) Den *Musikverein* <u>kennen</u> Sie vielleicht vom Neujahrskonzert.
   2) <u>Wissen</u> Sie, dass Sie auch die Musik der *Staatsoper* gratis hören können?

▶ AUSSPRACHE UND HÖRVERSTÄNDNIS

8. Welcher Buchstabe wird anders ausgesprochen? ♪024 CD1-24

下線部の発音が他と異なる単語を選びなさい。

1) ☐ fra_g_en   ☐ _g_lauben   ☐ so_g_ar   ☐ Ta_g_

2) ☐ er_st_   ☐ ko_st_enlos   ☐ Sy_st_em   ☐ Vor_st_ellung

9. Ausspracheübung: Wiederholen Sie. 音声を聞いて繰り返しなさい。 ♪025 CD1-25

☐ die Hauptstadt   ☐ hören   ☐ das Neujahrskonzert   ☐ stattfinden   ☐ die Vorstellung

☐ Wie viel kostet das?

10. Hören Sie die Aufnahme und setzen Sie die richtige Zahl ein. ♪026 CD1-26

音声を聞いて、数字を書き入れなさい。

A: _____ Karten für den *Figaro* am _____ März, das macht zusammen _____ Euro.

B: Oh, das ist ein bisschen teuer.

A: Da ist Premiere. Gehen Sie am _____ oder am _____, dann kostet dieselbe Karte nur

_____ Euro. _____ Karten kosten also nur _____ Euro.

▶ GRAMMATIK

11. Übersetzen Sie. 日本語にしなさい。

1) Das ist ein kleines Opernhaus, das ebenfalls Opern spielt.

2) Das heißt nicht, dass man überall Musik hören kann.

12. Verbinden Sie die beiden Sätze mit *das* oder *dass*.

2 つの文を das か dass を使って一文にしなさい。

1) Es ist schön. Man kann Konzerte kostenlos hören.

2) Heute gibt es ein Konzert. Man kann das Konzert kostenlos hören.

13. Bringen Sie die Wörter in die richtige Reihenfolge. 日本語を参考に単語を並べ替えなさい。

楽友協会はご存知ですか？ そこでは、ウィーン・フィルを聴くことができます。

den, die, dort, hören, kennen, können, *Musikverein*, *Philharmoniker*, Sie, Sie, *Wiener*

Musiker in Wien　ウィーンの音楽家

　シューベルト、ヨハン・シュトラウス、シェーンベルク、ハイドンといったウィーンやウィーン近郊生まれの音楽家だけではなく、モーツァルト、ベートーヴェン、マーラーのようにウィーンで活躍した音楽家は枚挙に暇がありません。ハプスブルク帝国の版図を越えて各地から多くの音楽の才能が首都ウィーンに集まりました。なぜでしょうか？ 19 世紀頃まで音楽家の主な職場は教会や皇帝や侯爵の家だったので、強大なハプスブルクの宮廷は音楽家にとってこの上なく魅力的だったのです。当時音楽家たちが住んでいた家は 200 年以上経った今でも市内に残っています。特にモーツァルト、ベートーヴェン、シューベルトの住居は記念館として見学可能で、彼らのウィーンでの暮らしぶりを偲ぶことができます。

　現在はウィーン・フィルをはじめ、オーケストラと音楽大学がその伝統を受け継いでいます。プロの音楽家への道は険しく、音楽家の卵たちはウィーンの繁華街の路上で生演奏をして生活費を稼いでいます。

Gehen wir einkaufen!

KONVERSATION

① Auf dem Markt ♪027 CD1-27

Verkäufer: Grüß Gott!

Kundin   : Hallo, bitte wie viel kosten diese Äpfel?

Verkäufer: Zwei Euro das Kilo.

Kundin   : Bitte geben Sie mir drei Stück von diesen Äpfeln.

Verkäufer: Sonst noch was?

Kundin   : Das ist alles, danke.

Verkäufer: Das macht ein Euro fünfzig.

② Im Supermarkt ♪028 CD1-28

Kunde   : Entschuldigung, wo finde ich die Marmelade?

Verkäuferin: Die ist bei den Konserven, da vorne.

Kunde   : Danke.

die Marmelade　ジャム　　die Konserve　缶詰

ÜBUNG　Suchen Sie im Supermarkt die Milch.

Wenn Sie in einem Supermarkt Obst oder Gemüse kaufen, werden Sie überrascht sein. Sie müssen das nämlich selbst abwiegen! Obst und Gemüse wird fast immer nicht nach Stück, sondern nach Gewicht verkauft. Man nimmt also zum Beispiel drei Äpfel, gibt sie in eine kleine dünne Plastiktüte, legt sie auf die Waage, sucht die Taste für Äpfel, drückt darauf. Die Waage druckt einen Preiszettel, den man dann auf die Plastiktüte klebt. Damit geht man zur Kassa (= Kasse).   5

Tüten und Waagen sind in der Obst- und Gemüseabteilung vorhanden, also fragen Sie lieber nicht, wo „die Tüten" sind. Ein echter Wiener wird Sie dann nämlich grantig (= unfreundlich) ansehen und sagen, „Die Sackerl meinen Sie?!"

Tüte ist Deutsch, Sackerl ist Wienerisch. Ich habe oben „Plastiktüte" geschrieben, aber in Wien heißt sie „Plastiksackerl".   10

Es gibt vor allem bei Lebensmitteln viele Wörter, die sich vom Deutschen in Deutschland unterscheiden. Als Österreich 1996 der EU beitrat, war das sogar ein Problem. Österreich wollte seine Marillen (= Aprikosen), seine Erdäpfel (= Kartoffeln) und seine Paradeiser (= Tomaten) behalten. Durch eine Ausnahme für 23 Lebensmittel wurde dies möglich, aber das deutsche Deutsch wird durch die Medien auch in Wien immer öfter verwendet.   15

Aber kehren wir in den Supermarkt zurück. Fleisch und Wurst gibt es zwar auch abgepackt, doch viele Menschen kaufen lieber nach Gewicht. 100 Gramm heißen in Wien zehn Deka, also bestellen wir etwa 20 Deka *Leberkäse*. Was ist *Leberkäse*? *Leberkäse* hat mit Käse nichts und mit Leber meist auch nicht viel zu tun, sondern ist eine Art Wurst. Man isst den *Leberkäse* oft in einer Semmel als Zwischenmahlzeit. Das gibt es auch bei den Würstelständen, die man an vielen   20 Straßenecken antreffen kann.

An der Kassa (!) muss man die Waren selbst auf das Band legen, damit sie gescannt werden können. Danach muss man sie möglichst schnell in seine Einkaufstasche geben, denn der nächste Kunde kommt schon.

Ja, in die Einkaufstasche! Natürlich gibt es Plastiksackerl (!) zu kaufen, wenn man keine   25 Einkaufstasche hat. Doch viele Menschen sind sich bewusst, dass Plastikmüll ein großes Problem ist. Und dieses Problem wird immer größer! Manche Menschen gehen so weit, nach dem Bezahlen alle Lebensmittel auszupacken und den Plastikmüll im Supermarkt zu lassen. Es gibt jetzt sogar Supermärkte, wo die Waren alle unverpackt sind – da muss man Behälter mitbringen, um zum Beispiel Nudeln oder Mehl kaufen zu können. Und alles wird gewogen.   30

Sind Sie umweltbewusst? Es gibt schon sehr viele Bio-Supermärkte. Diese bieten Lebensmittel ohne Pestizide an. Bio ist sehr populär. Auch in normalen Supermärkten gibt es daher oft Bioware.

Wenn Sie sich im Supermarkt auskennen, gehen Sie als nächstes auf einen Markt! Das ist wieder ein anderes Erlebnis.

überrascht sein　驚いている
ab|wiegen / wiegen　他 ～を量って
　所定の分量をとる／～の重さを量る
das Gewicht　重さ、重量
die Plastiktüte　ビニール袋
die Waage　はかり、計量器、体重計
drücken　他 ～を押す
drucken　他 ～を印刷する
der Preiszettel　値札
kleben　他 ～を貼る
vorhanden sein
　手元にある、存在している
die Marille, die Aprikose
　アプリコット、あんず

der Erdapfel, die Kartoffel
　じゃがいも
der Paradeiser, die Tomate　トマト
ab|packen
　他 ～を小分けにして包装する
das Deka, das Dekagramm
　デカグラム（重量の単位で、10 グラム）
etwa　例えば、およそ
der Leberkäse
　レーバーケーゼ（料理の名前）
die Straßenecke　街角
an|treffen
　他 ～に（出かけて行って）会う
das Band　ベルトコンベヤー、リボン
scannen　他 ～をスキャンする

möglichst < möglich　できるだけ
die Einkaufstasche　買い物袋
der Plastikmüll　プラスティックゴミ
so weit gehen ～ zu
　～するまできている
aus|packen　他（中身）を取り出す
unverpackt < verpacken
　包装されていない < 他 ～を包装する
der Behälter　容器
umweltbewusst
　環境保護意識をもった
das Pestizid　殺虫剤
sich aus|kennen
　再 勝手がわかっている、詳しい
das Erlebnis　体験、経験

▰ TEXTVERSTÄNDNIS

1. **Wählen Sie die beste Antwort aus.**　正しい答えを選びなさい。

　1) Wie heißen Aprikosen in Österreich?

　　a) Sie heißen auch in Österreich Aprikosen.

　　b) Sie heißen Paradeiser.

　　c) Sie heißen Marillen.

　2) Wie wird Obst und Gemüse im Supermarkt oft verkauft?

　　a) Das wird nach Stück verkauft.

　　b) Das wird nach Gewicht verkauft.

　　c) Das wird an der Kassa verkauft.

2. **Richtig oder falsch?**　テキストの内容と合っていますか。

　1) Tüten heißen in Wien Sackerl.

　2) Viele Menschen haben eine Einkaufstasche, weil sie Geld sparen wollen.

　3) In einem normalen Supermarkt gibt es keine Bioware.

▰ WORTSCHATZ

3. **Woher kommen die folgenden Wörter? Zerlegen Sie sie.**
次の単語の元になった単語を書きなさい。

　1) abgepackt　　2) Erdapfel　　3) unfreundlich　　4) verpackt　　5) überrascht

4. **Übersetzen Sie.**　日本語にしなさい。

　1) Ich meine diese Einkaufstasche.

　2) Das ist meine Einkaufstasche.

5. **Welche Vorsilbe ist unbetont?**　アクセントのない前綴りを選びなさい。　♪030 CD1-30

　☐ abwiegen　☐ beitreten　☐ mitbringen　☐ unfreundlich　☐ vorhanden

6. **Gleiche Aussprache oder andere Aussprache?**　下線部の発音は同じですか。　♪031 CD1-31

　1) au_s_packen　　Bei_s_piel

　2) hei_ß_t　　　bewu_ss_t

7. **Welcher Wortteil wird anders ausgesprochen?**　♪032 CD1-32

　下線部の発音が他と異なる単語を選びなさい。

　1) ☐ Leberkä_s_e　☐ Ka_ss_a　☐ Stra_ß_e

　2) ☐ Einkauf_st_asche　☐ dar_st_ellen　☐ Ob_st_　☐ Ta_st_e

8. **Ausspracheübung: Wiederholen Sie.**　音声を聞いて繰り返しなさい。　♪033 CD1-33

　☐ die Einkaufstasche　☐ das Gemüse　☐ das Obst　☐ das Sackerl　☐ die Straßenecke

　☐ 20 Deka Leberkäse, bitte.

9. **Bringen Sie die Wörter in die richtige Reihenfolge.**　日本語を参考に単語を並べ替えなさい。

　1) 私が野菜を買うときには、有機野菜を優先します。

　　Bioware, Gemüse, ich, ich, kaufe, lieber, nehme, Wenn

　2) 私が子供だったとき、ウィーンにはまだスーパーがなかった。

　　Als, ein, es, gab, ich, in, keine, Kind, noch, Supermärkte, war, Wien

10. **Übersetzen Sie.**　日本語にしなさい。

　1) Auch im Kaffeehaus isst man Würstel.

　2) Meine Freunde werden im Sommer nach Wien kommen.

　3) Kommen Sie auch nach Wien! Es wird Ihnen gefallen.

　4) Essen Sie gerne Fleisch? In Wien wird viel Fleisch gegessen. Aber es gibt auch Fisch und Gemüse.

Öffnungszeiten der Geschäfte　店舗の営業時間

　オーストリアは伝統的にカトリックの勢力が強く、ミサに行く時間を確保するために日曜日と祭日には店を閉めることが法律で定められています。これは一方で、長時間労働を抑制し労働者の権利を守るための施策でもあり、本来は関係のない二つの勢力の利益が奇妙に一致した結果と言えます。かつては、平日は8時から18時まで、土曜日は昼12時までと厳格に営業時間が定められていました。現在でも、駅構内の店などいくつかの例外を除いて、19時（土曜日は17時）には店を閉めます。日曜日にウィーンを訪れ何も買えず、絶望している観光客もよく見受けられます。とはいえ観光大国オーストリアとしては、週末の旅行者を当て込んだ商機を逃すわけにもいかず、土産物屋などは例外的に日曜日も営業するところが増えてきています。伝統的なウィーン料理のレストランも以前は日曜日には閉まっていましたが、最近は営業している店が増えました。旅行者も週末にウィーン名物ターフェルシュピッツを味わうことができるのです。

KAPITEL ◆6

Ausflüge ins Grüne

KONVERSATION

A: Wie komme ich auf den *Kahlenberg*?

B: Da nehmen Sie den Bus 38A bis zur Endstation.

A: Und dann zum *Leopoldsberg*?

B: Oh, das weiß ich nicht. Vielleicht fährt der 38A auch auf den *Leopoldsberg*.

* * * * * *

C: Gibt es auf dem Berg eine Gaststätte?

D: Ja, natürlich. Da gibt es eine direkt bei der Haltestelle. Und wenn Sie zu Fuß gehen, finden Sie viele Heurige.

der Ausflug　遠足　　die Gaststätte　飲食店、レストラン　　der Heurige　ホイリゲ（ウィーン郊外にあるワイン酒場）

ÜBUNG　Fragen Sie, wo der Bus zum *Kahlenberg* abfährt.

In Österreich sind fast alle Schulen öffentlich, also städtisch oder staatlich. Die Volksschule beginnt man mit sechs Jahren, sie dauert vier Jahre. Dann geht man in die Hauptschule (jetzt: Neue Mittelschule), die vier Jahre dauert, oder ins Gymnasium, das acht Jahre dauert. Zu meiner Zeit gab es noch eine Aufnahmsprüfung für das Gymnasium, aber die gibt es jetzt nicht mehr. Aber nach acht Jahren gibt es eine Abschlussprüfung, Matura genannt. Die ist dem deutschen Abitur ähnlich. 5

Die Wandertage waren eine willkommene Abwechslung im Schulalltag. Weg von den lateinischen Verben, den mathematischen Formeln und den Interpretationsversuchen von *Goethes Faust*.

Wir trafen uns in der Schule, fuhren mit der Straßenbahn Richtung *Wienerwald*, auf den *Kahlenberg* oder den *Leopoldsberg*, oder zum *Lainzer Tiergarten*. Manchmal fuhren wir auch mit der Schnellbahn in den südlichen *Wienerwald*, auf den *Anninger*, oder nach Norden über die *Donau* zum 10 *Bisamberg*.

In meiner Klasse waren wir ungefähr 25 Schülerinnen, je nach Jahr. Begleitet wurden wir von unseren Lehrern. Gemeinsam marschierten wir auf den Gipfel, wo wir unsere Wurstbrote aßen, die uns unsere Mütter oder Väter mitgegeben hatten. Am nächsten Tag lernten wir wieder lateinische Verben, mathematische Formeln.... siehe oben. 15

Heute staune ich über die engelsgleiche Geduld unserer Lehrer, die mit uns gewandert sind. Damals wären wir lieber ohne Lehrer gewandert. Wir hätten auch eine Gaststätte gesucht, um dort etwas zu trinken und zu plaudern. Dort wären wir lange gesessen! Aber die Lehrer waren natürlich immer dabei.

An einen Wandertag in der siebten Klasse erinnere ich mich besonders gut, weil ich mit 20 einer Freundin beschlossen hatte, nicht mitzugehen. Wir waren 17 Jahre alt, das ist unsere einzige Entschuldigung. Leider trafen wir die Entscheidung, ebenfalls wandern zu gehen, nur eben ohne Lehrer. Das war eine dumme Entscheidung. Natürlich waren wir nicht so dumm, auf denselben Berg wie unsere Klasse zu gehen. Wir gingen natürlich auf einen anderen Berg.

Aber wir hatten nicht daran gedacht, dass unsere Schule sehr groß ist, mit vielen Wander- 25 tagsgruppen. Am Wandertag wanderte nämlich die ganze Schule. Und daher trafen wir auf dem Rückweg in der Schnellbahn eine andere Klasse, deren Lehrerin uns kannte. Ob sie uns gesehen hat, wissen wir nicht genau, denn wir flüchteten sofort in den nächsten Waggon. Doch Tage später sagte sie zu mir: „Ich habe gehört, ihr wart am Wandertag krank? Höchst interessant."

Beim nächsten Wandertag sind wir wieder mitgegangen, ganz brav mit den anderen. 30

die Volksschule (die Grundschule)
小学校

die Hauptschule (Neue Mittelschule)
基幹学校（新制度では中等学校）

das Gymnasium (Allgemeinbildende
Höhere Schule = AHS)
ギムナジウム（一般教育を行う高等学
校、略称：AHS）

die Aufnahmsprüfung
(= Aufnahmeprüfung)　入学試験

die Abschlussprüfung　卒業試験

der Wandertag　遠足の日

die Abwechslung　気分転換、変化

die Interpretation　解釈

der Versuch　試み

die Schnellbahn　都市高速鉄道

je (nach Jahr)　年に応じて、年次第で

der Gipfel　山頂、頂上

engelsgleich　天使と同じくらい

die Geduld　忍耐

beschließen
⑩ ～を決心する、決める

die Entschuldigung　言い訳

die Entscheidung treffen　決心する

dumm　ばかな、愚かな

der Rückweg　帰り道

flüchten　⑪ 逃げる

der Waggon　車両

▶ TEXTVERSTÄNDNIS

1. **Fragen zum Text**　テキストについての質問
   1） Wie lange gehen die Kinder in die Volksschule?
   2） Wohin fährt man zum Wandern?

2. **Richtig oder falsch?**　本文の内容と合っていますか。
   1） Zum Wandern fahren wir zum *Wienerwald*.
   2） Zum südlichen *Wienerwald* kann man mit der Schnellbahn fahren.

▶ WORTSCHATZ

3. **Übersetzen Sie.**　weiß の品詞に注意して日本語にしなさい。
   1） Mein Fahrrad ist weiß.
   2） Ich weiß nicht, ob ein rotes Fahrrad nicht besser wäre.
   3） Das weiß niemand.

4. **Suchen Sie alle Wörter auf -ung. Woher kommen die Wörter, was haben sie gemeinsam?**
   語尾に -ung のついた単語を本文から探し、元になる単語や共通点について考えましょう。

オーストリアの学校制度

33

◤ AUSSPRACHE UND HÖRVERSTÄNDNIS

5. Welcher Wortteil ist unbetont? ♪036 CD1-01

下線部にアクセントの置かれていない単語を選びなさい。

☐ Abi<u>tur</u> ☐ Ge<u>duld</u> ☐ Gip<u>fel</u> ☐ interess<u>ant</u> ☐ Interpreta<u>tion</u>

6. Ausspracheübung: Wiederholen Sie. 音声を聞いて繰り返しなさい。 ♪037 CD1-01

☐ die Aufnahmsprüfung ☐ sich erinnern ☐ die *Schnellbahn* ☐ der Schulalltag
☐ Die Volksschule dauert vier Jahre.

7. Hören Sie die Aufnahme und setzen Sie die richtigen Zahlen ein. ♪038 CD1-01

音声を聞いて、数字を入れなさい。

1) A: Wie hoch ist der *Kahlenberg*?

　 B: Er ist _____ Meter hoch, etwas höher als der *Leopoldsberg*.

2) A: Entschuldigen Sie bitte, wie komme ich nach *Mörbisch*?

　 B: Sie nehmen den Bus _____ nach *Eisenstadt*, dort steigen Sie in den Bus _____ um.
　　 Fahrscheine können Sie im Bus kaufen.

　 A: Wie lange dauert die Fahrt?

　 B: Gute _____ Stunden.

◤ GRAMMATIK

8. Setzen Sie die Sätze ins Perfekt und das in den Konjunktiv II und übersetzen Sie sie.

完了形に書き換え、それを接続法第II式に書き換えなさい。最後に日本語にしなさい。

1) Ich mache einen Ausflug.（現在形）

2) Ich ging gerne auf die Uni.（過去形）

3) Wir hatten eine Freundin getroffen.（過去完了形）

4) Wir waren mit der *Schnellbahn* gefahren.（過去完了形）

5) Das ist interessant.

Ausflugsziele　ちょっとそこまで

　強制的に休日となる日曜日ですが、ミサに足を運ぶ人は今では少なくなりました。日曜日の過ごし方も多様化し、カフェハウスでお茶したり、展覧会、映画館、コンサートを訪れたり、天気のよい日には散歩をするのが特に人気です。プラーターをはじめ、ウィーンにはたくさんの公園がありますし、北西から南にかけて広がるウィーンの森は東京23区の倍以上の広さがあり、散歩コースには事欠きません。

　暑い夏には湖水浴がベストです。ウィーン南端ヴィーナーベルクの煉瓦を掘り出した跡に出来た人造湖（例えば der Wienerbergteich）や、新旧ドナウ川に挟まれたドナウ島、流れのほとんどないアルテ・ドナウ、そして美しい河畔林のあるローバウでも無料で水浴を楽しめます。ウィーンから南に50km 行くと、ヨーロッパ有数のステップ湖として知られる水深2m 弱のノイジードル湖もあります。山の多いオーストリアにあって、この周辺は広大な平野が広がり、平原の国ハンガリーが近いことを実感できます。

KAPITEL **7**

Skifahren ist wunderbar!

KONVERSATION

① Bei der Seilbahn

♪039
CD1-39

A: Entschuldigen Sie, wo kann ich einen Skipass kaufen?

B: Dort drüben, sehen Sie?

A: Ja, danke.

* * * * * *

A: Einen Skipass, bitte!

C: Für einen Tag oder für eine Woche?

A: Für einen Tag.

C: Macht 54 Euro.

② In einer Gaststätte auf der Piste

♪040
CD1-40

D: Kommen Sie oft hierher zum Skifahren?

E: Nein, das ist das erste Mal. Und Sie?

D: Ich komme jedes Jahr hierher. Mir gefällt es hier gut. Und Ihnen?

E: Ja, ich finde es super. Ich möchte wiederkommen.

D: Das freut mich.

die Seilbahn ロープウェイ、ケーブルカー　　die Piste （アルペンスキーの）コース、ゲレンデ

ÜBUNG　Sie möchten etwas essen. Fragen Sie jemanden.

Österreich ist bekannt für den Skisport, und österreichische Sportler sind bei internationalen Wettkämpfen oft sehr erfolgreich. Diese Sportler kommen meist aus *Salzburg* oder *Tirol*, wo der nächste Berg direkt vor der Haustür ist. Obwohl ich aus Wien komme, wo der nächste hohe Berg, der *Schneeberg*, erst in 70 Kilometer Entfernung liegt, war Nicht-Skifahren für mich keine Option. Sobald ich gehen konnte, wurde ich schon auf Skier gestellt. Meine Eltern liebten das Skifahren, und 5 in meiner Kindheit gab es keinen Winter ohne Skifahren.

Als ich ein Kind war, fuhren wir meist eine Woche nach *Bad Gastein*, das ist ein bekannter Wintersportort in *Salzburg*. Meine Eltern, mein Bruder, dann noch mein Onkel und seine Familie, und manchmal noch Freunde der Eltern und deren Familien.

Die Erwachsenen fuhren den ganzen Tag gemeinsam Ski, während die Kinder am Vormittag 10 einen Skikurs besuchten und am Nachmittag gemeinsam Ski fuhren.

Als Kind mochte ich das Skifahren nicht – das lag an meinem großen Bruder, der durch den Altersvorteil schon gut Ski fahren konnte. Er fuhr voraus, und ich versuchte, ihn einzuholen. Sobald ich ihn eingeholt hatte, fuhr er schon wieder weiter, und so ging das den ganzen Tag. Durch diese harte Schule habe ich aber ganz gut Ski fahren gelernt. Jetzt liebe ich Ski fahren! 15

Auch in der Schule gab es einen Skikurs. Wir fuhren jedes Jahr eine Woche mit der Schule auf Skikurs in verschiedenste Wintersportorte in der *Steiermark* oder in *Salzburg*. Um 10 Uhr morgens begann der Skikurs. Die Anfänger übten den Pflug, während die Fortgeschrittenen den Stemmbogen machten und die Könner das Wedeln probierten. Wir verbrachten den ganzen Tag auf der Piste, es war wunderbar. 20

Wir hausten in Stockbetten zu sechst oder acht im Zimmer. Das Licht wurde um 10 Uhr abends gelöscht. Damals gab es noch keine Handys – und wahrscheinlich wären sie verboten gewesen. Aber reden kann man auch im Dunkeln, und oft plauderten wir bis nach Mitternacht.

Einmal hat eine Schülerin einen kleinen, tragbaren Fernseher mitgebracht! Das war natürlich streng verboten, aber wir fanden es wunderbar. Jedenfalls waren wir jeden Morgen müder und 25 müder, und ich glaube, dass wir am letzten Tag schlechter Ski fuhren als am ersten oder zweiten Tag. Die armen Skilehrer... Aber es hat Spaß gemacht!

In den letzten Jahren gibt es in vielen Schulen keine Skikurse mehr. Die finanzielle Belastung ist wohl auch ein Grund dafür, denn Skifahren ist viel teurer geworden. Es ist natürlich auch in Wien möglich, Sport zu treiben, zum Beispiel im *Prater* oder an der *Neuen Donau*. Aber wenn ich wählen 30 könnte, eine Woche Skifahren oder eine Woche Schule – meine Wahl wäre klar!

der Skisport　（スポーツとしての）スキー	ein|holen　働〜に追いつく	löschen　働（灯など）を消す
der Wettkampf　試合	der Anfänger　初心者	das Handy　携帯電話
erfolgreich	der Fortgeschrittene　中級者	verboten　禁止された
成功した、よい成績を収めている	der Könner　熟達者、上級者	tragbar　携帯できる、ポータブルの
die Entfernung　距離	verbringen　働（時間など）を過ごす	streng　厳しく
der Wintersportort	wunderbar　素晴らしい	die Belastung　負担
ウィンタースポーツが盛んなところ	hausen	wählen < die Wahl　働〜を選ぶ
der Altersvorteil	圁住む、生活する（口語的な表現）	
年齢によるアドバンテージ	das Stockbett　二段ベッド	

▶ TEXTVERSTÄNDNIS

1. **Fragen zum Text**　テキストについての質問
   1) Wo liegt *Bad Gastein*?
   2) Wie weit ist es von Wien bis zum *Schneeberg*?

2. **Wählen Sie die beste Antwort aus.**　正しい答えを選びなさい。
   1) Warum gibt es keine Skikurse mehr?
      a) Die finanzielle Belastung ist nicht groß.
      b) Ich würde lieber Skifahren.
      c) Skifahren ist nicht billig.

   2) Was war auf dem Skikurs verboten?
      a) Handys waren verboten.
      b) Fernseher waren verboten.
      c) Nichts war verboten.

▶ WORTSCHATZ

3. **Sehen Sie das Beispiel und überlegen Sie.**
   例を参考に単語の意味や、接尾辞の意味を考えなさい。
   1) Beispiel: *kostenlos*
      Finden Sie das Wort für「成果のない」という意味の単語を考えなさい。
      Finden Sie das Wort für「希望のない」という意味の単語を考えなさい。
   2) Beispiel: *denkbar*
      Woher kommt das Wort tragbar?　tragbar の元になる単語を答えなさい。

4. **Woher kommen die folgenden Wörter?**　次の派生語、合成語の元になる単語を答えなさい。

   1) der Altersvorteil ＿＿＿＿＿＿＿　　　2) hausen ＿＿＿＿＿＿＿

   3) der Könner ＿＿＿＿＿＿＿　　　4) der Wintersportort ＿＿＿＿＿＿＿

5. **Suchen Sie Wörter mit gleicher Wortbildung wie *Könner*.**
   Könner と同様の派生語を本文から探しなさい。

6. **Suchen Sie Wörter mit Bezug zum Skisport, die es auch im Japanischen gibt.**
   日本語にもなっているスキーに関するドイツ語の単語を探しなさい。

▶ AUSSPRACHE UND HÖRVERSTÄNDNIS

7. Welche Buchstaben werden ähnlich ausgesprochen?
下線部を同じように発音するものを組み合わせなさい。
CD1-42

☐ Anf<u>ä</u>nger ☐ f<u>a</u>hren ☐ r<u>e</u>den ☐ w<u>ä</u>hlen

8. Welche Wortteile werden anders ausgesprochen?
下線部の発音が他と異なる単語を選びなさい。
CD1-43

1) ☐ be<u>g</u>ann ☐ be<u>k</u>annt ☐ Sto<u>ck</u>bett ☐ tra<u>gb</u>ar

2) ☐ Erw<u>achs</u>ener ☐ mitgebra<u>ch</u>t ☐ nä<u>chs</u>t ☐ Te<u>x</u>t

3) ☐ finan<u>z</u>iell ☐ interna<u>t</u>ional ☐ *<u>T</u>irol*

9. Ausspracheübung: Wiederholen Sie.　音声を聞いて繰り返しなさい。
CD1-44

☐ der Erwachsene ☐ der Fernseher ☐ das Handy ☐ das Skifahren ☐ verboten

☐ Es hat Spaß gemacht!

10. Hören Sie die Aufnahme und setzen Sie die richtige Zahl ein.
音声を聞いて、数字を入れなさい。
CD1-45

Der *Schneeberg* ist _____ Meter hoch, der *Großglockner*, der höchste Berg Österreichs, ist _____ Meter hoch. Der höchste Berg der Alpen ist der *Montblanc* zwischen Frankreich und Italien mit _____ Metern. Das *Matterhorn* zwischen der Schweiz und Italien hat „nur" _____ Meter.

▶ GRAMMATIK

11. Setzen Sie die Sätze ins Präsens.　現在形に書き換えなさい。

1) Eine Schülerin hat einen kleinen Fernseher mitgebracht.

2) Wir verbrachten den ganzen Tag auf der Piste.

12. Suchen Sie den Grammatikfehler im Satz und verbessern Sie ihn.
文法の間違いを見つけ、正しく書き直しなさい。

1) Wir haben jedes Jahr auf Skikurs gefahren.

2) Skifahren ist teuer als Fußball spielen.

3) Wenn ich reich wäre, habe ich ein sehr großes Haus mit Tennisplatz und Schwimmbecken.

13. Suchen Sie alle Konjunktive im Text.　接続法で書かれた文を探しなさい。

 Sport スポーツ

　スポーツ観戦の王様は、サッカーです。オーストリアのブンデスリーガの強豪としてはウィーンを本拠地とする戦前からのライバル、SK ラピード・ウィーン（1899 年創設、緑）と FK アウストリア・ウィーン（1911 年創設、紫）がまず挙げられます。最近では FC レッドブル・ザルツブルクが頭角を現し、リーグ優勝を重ねています。スポンサーのレッドブル社は、ザルツブルクに本社を置くオーストリアの企業です。

　オーストリア代表チームは、1954 年 W 杯スイス大会で前回王者ウルグアイを破って 3 位になりました。ちなみにこの年に優勝したのは、強豪ハンガリーを決勝で破った西ドイツです。この勝利は「ベルンの奇跡」と呼ばれ、同名の映画にもなっています。ドイツとオーストリアの戦後の復興を世界に印象付ける出来事でしたが、残念ながらオーストリア代表の輝きはこれで終わり、近年は予選での敗退が続いています。

KAPITEL 8

Unser Zug

Zug fährt durch

KONVERSATION

① Am Fahrkartenschalter

♪046
CD1-46

Kundin   : Grüß Gott! Ich möchte nach *Melk* fahren.

Bahnbeamter : Einfach oder hin und retour?

Kundin   : Hin und zurück, bitte.

Bahnbeamter : Das macht 36 Euro 80.

② Bei der Zugauskunft

♪047
CD1-47

Kunde   : Entschuldigung, wann geht der nächste Zug nach *Salzburg*?

Bahnbeamte : In einer Viertelstunde, um 10 Uhr 30.

Kunde   : Wo fährt der Zug ab?

Bahnbeamte : Bahnsteig 8.

der Bahnsteig　プラットホーム

ÜBUNG Sie wollen nach *Badgastein* fahren. Kaufen Sie eine Karte und fragen Sie nach der Abfahrtszeit und dem Bahnsteig.

Wir haben ein Haus auf dem Land, ungefähr 70 Kilometer südlich von Wien. Im Sommer ist es dort wesentlich kühler als in Wien, ungefähr fünf Grad. Viele Wiener flüchten im Sommer weg ins Grüne, aufs Land. Während der Schulferien im Juli und August ist die Stadt Wien ziemlich leer. Das merkt man daran, dass man sehr leicht einen Parkplatz für sein Auto findet und dass es nur sehr wenige Staus gibt.

Einmal hatte ich eine Familie aus Japan zu uns aufs Land eingeladen. Als sie zurück nach Wien fahren wollten, rief ich am nächsten Bahnhof an und fragte nach den Abfahrtszeiten der Züge (damals hatten wir auf dem Land weder Internet noch Handy-Empfang). Der nächste Zug geht um 16 Uhr 20, gut. Die Fahrkarten hatten meine Freunde schon.

Wir kamen dann zehn Minuten vor Abfahrt des Zuges zum Bahnhof und suchten gerade die Zuginformationen. Von welchem Bahnsteig fährt der Zug nach Wien ab? Da sahen wir, dass gerade ein Zug den Bahnhof verließ, Richtung Wien....

Misstrauisch fragte ich den Bahnbeamten nach dem Zug nach Wien, und wenig überraschend sagte er mir, dass dieser gerade abgefahren sei. Und der Zug um 16 Uhr 20? Es gebe keinen Zug um 16 Uhr 20, versicherte mir der Beamte. Als ich ihm die Situation erklärte, rief er: „Das ist die Abfahrtszeit vom nächsten Bahnhof! Der Kollege hat sich in der Zeile geirrt und Ihnen die falsche Abfahrtszeit gesagt." Oje, Zeile! Wie gesagt, Vor-Internet-Zeit.

Das gibt's doch nicht! Ich fragte nun nach dem nächsten Zug nach Wien. Der Beamte murmelte: „Eigentlich geht der nächste Zug erst in über einer Stunde, aber warten Sie einen Moment."

Ich erklärte meinen japanischen Freunden das Problem und sagte gerade, dass wir nun mehr als eine Stunde warten müssten. Da kam der Bahnbeamte zurück und sagte: „Ihr Zug kommt in drei Minuten!"

Was soll das heißen, „unser Zug"?!

Da kam schon ein zweiter Bahnbeamter zu uns und sagte fröhlich: „Wir halten den Schnellzug auf!"

Was, die wollen den Schnellzug aufhalten, einen Zug, der nur alle 80 Kilometer einmal stehen bleibt?!!

Und das Unglaubliche geschah: Der Schnellzug kam und blieb tatsächlich an diesem kleinen Bahnhof stehen. An den Fenstern sahen wir neugierige Gesichter – offensichtlich hatte es eine Durchsage im Zug zu diesem außerplanmäßigen Halt gegeben. Die Zugpassagiere wollten wohl wissen, für welche wichtigen Persönlichkeiten der Schnellzug stehen blieb! Im ersten Waggon öffnete sich die Tür, meine Freunde – sehr wichtige Persönlichkeiten – kletterten schnell hinein. Tür zu, und weg war der Zug.

Der Bahnbeamte sagte: „Das mussten wir machen, sonst hätten Ihre Gäste ja einen schlechten Eindruck von Österreich!" Die beiden Beamten lachten einander an, und ich bedankte mich herzlichst.

Diesen Tag werde ich nie vergessen.

weg　離れて、なくなって
die Schulferien　学校の長期休暇
merken（an＋3格）
　　他（…によって）〜がわかる
der Stau　渋滞
die Abfahrtszeit　発車時刻
der Empfang　受信
gerade　そのとき、ちょうど、まさに
misstrauisch　不信感に満ちた
der Bahnbeamte　鉄道職員
versichern　他〜を保証する、断言する

die Zeile　行
sich irren　再間違う
oje　（間投詞）（驚き、当惑の表現）おや
　　まあ、あらあら
murmeln　自つぶやく
fröhlich　楽しい、上機嫌の
auf|halten　他〜を引き止める
der Schnellzug　急行列車
stehen bleiben　自止まる
neugierig　好奇心の強い
die Durchsage　放送

außerplanmäßig　予定外の、臨時の
der Passagier　乗客
die Persönlichkeit　人物
hinein|klettern
　　自（列車のなかに）よじのぼる
weg　離れて、出発して
der Eindruck　印象
einander an|lachen
　　他お互いに笑いかける
herzlichst　心から（das Herz, herzlich）

▶ TEXTVERSTÄNDNIS

1. **Wählen Sie die beste Antwort aus.**　正しい答えを選びなさい。

1) Wann findet man in Wien schwer einen Parkplatz?

a) In Wien findet man immer leicht einen Parkplatz.

b) In Wien findet man während der Schulzeit nicht leicht einen Parkplatz.

c) In Wien gibt es im Sommer nur sehr wenige Parkplätze.

2) Warum haben viele Menschen aus dem Zugfenster gesehen?

a) Sie wollten wissen, für wen der Zug stehen bleibt.

b) Sie waren neugierig, welcher Bahnhof das ist.

c) Sie waren fröhlich, weil der Schnellzug nur selten stehen bleibt.

2. **Richtig oder falsch?**　本文の内容に合っていますか。

1) Früher musste man zum Bahnhof fahren, um die Abfahrtszeiten der Züge zu erfahren.

2) Die Bahnbeamten haben den Schnellzug aufgehalten, um auf die japanischen Gäste einen guten Eindruck zu machen.

▶ WORTSCHATZ

3. **Woher kommt das Wort? Zerlegen Sie die folgenden Wörter.**
合成語をそれぞれの構成要素に分解しなさい。

1) außerplanmäßig ＿＿＿＿＿＿＿＿＿　　2) erklären ＿＿＿＿＿＿＿＿＿

3) die Persönlichkeit ＿＿＿＿＿＿＿＿＿

4. **Sie kennen jetzt das Wort *unglaublich*. Raten Sie, was die Wörter *unvergesslich* und *unverständlich* bedeuten.**
unglaublich を参考に、unvergesslich と unverständlich の意味を考えなさい。

5. **Sie kennen die Wörter *Missverständnis* und *misstrauisch*. Raten Sie, was das Wort *Misserfolg*
bedeutet.**　Missverständnis, misstrauisch を参考に、Misserfolg の意味を考えなさい。

▶ AUSSPRACHE UND HÖRVERSTÄNDNIS

6. Welcher Wortteil wird anders ausgesprochen?　下線部の発音が他と異なる単語を選びなさい。🎵049 CD1-49

☐ Famil<u>ie</u>　☐ <u>i</u>hm　☐ W<u>ie</u>ner　☐ z<u>ie</u>hen

7. Ausspracheübung: Wiederholen Sie.　音声を聞いて繰り返しなさい。🎵050 CD1-50

☐ der Bahnhof　☐ der Bahnsteig　☐ der Parkplatz　☐ der Schnellzug

☐ Warten Sie einen Moment!

8. Hören Sie die Aufnahme und setzen Sie die richtigen Wörter oder Zahlen ein.　🎵051 CD1-51

音声を聞いて、空欄には単語を、下線には数字を補いなさい。

1) Der (　　　　　　　　) gab mir eine wichtige (　　　　　　　　). Unser Zug

geht schon um ＿＿ Uhr ＿＿. Die Information, die du mit dem (　　　　　　　　)

gefunden hast, ist falsch.

2) Die *Semmeringbahn* wurde Mitte des ＿＿＿＿＿＿ Jahrhunderts gebaut und ＿＿＿＿＿＿ eröffnet.

Sie ist ＿＿＿＿＿ Kilometer lang. Die Luftlinie beträgt nur ＿＿＿＿＿ Kilometer, doch die

Höhendifferenz ist ＿＿＿＿＿ Meter.

9. Sprechen Sie diese Zungenbrecher nach.　早口言葉を音声に続けて言いなさい。🎵052 CD1-52

1) Fischers Fritze fischte frische Fische.

2) Die Katze tritt die Treppe krumm.

3) Der Papst bestellte das Besteck zu spät.

▶ GRAMMATIK

10. Suchen Sie den Konjunktiv I im Text (an zwei Stellen) und erklären Sie, warum er hier verwendet wird.

接続法第 I 式で書かれた箇所を 2 つ探して、接続法第 I 式が使われた理由を考えなさい。

11. Suchen Sie den Konjunktiv II im Text (an zwei Stellen) und erklären Sie, warum er hier verwendet wird.

接続法第 II 式で書かれた箇所を 2 つ探して、接続法第 II 式が使われた理由を考えなさい。

12. Es gibt drei Reflexivverben im Text. Welches davon wird oft nicht reflexiv verwendet? Suchen Sie im Wörterbuch.　再帰動詞を 3 つ探して、そのなかのどの動詞が、再帰的ではない用途でも多く使用されるか、辞書で確認しなさい。

Öffentliche Verkehrsmittel　公共交通手段

　ウィーン市内の移動は、1 枚のチケットで地下鉄・市電・バスと乗り継ぎ可能です。市民にとって一番お得なのは 365 ユーロ（2020 年現在）で乗り放題の年間パス（die Jahreskarte）です。これは CO_2 排出量削減のための先駆的試みで、2012 年に導入されて以降利用者は右肩上がりです。ウィーンは主要な交通手段として公共交通を利用する人の割合が約 4 割と、欧州主要都市のなかでも突出しています。

　ヨーロッパは全体的に鉄道運賃が安いですが、料金システムは少々複雑です。乗車日や時間帯、さらには乗車日までの日数や条件で値段が大きく変わります。ヨーロッパ域外に居住する旅行者は、ユーレイルパスという乗り放題チケットで欧州 33 カ国を鉄道で旅することが可能です。

Ein echter Wiener

KONVERSATION

Beim Heurigen im *Kahlenbergerdorf*

♪ 053
CD1-53

A: Oh, da kommen Heurigensänger.

B: Was ist das?

A: Das sind Musiker, die hier beim Heurigen Wienerlieder singen. Man kann auch Lieder bestellen. Wollen Sie ein Wienerlied hören?

B: Ich kenne nur „Wien, Wien, nur du allein".

A: Bestellen wir das!

B: Gibt man da ein Trinkgeld?

A: Ja, fünf Euro zum Beispiel.

das Trinkgeld　チップ

ÜBUNG　Bestellen Sie ein Lied beim Heurigensänger.

43

Es gibt viele Klischees über die Wiener. Sie seien unfreundlich. Es gebe das goldene Wienerherz. Sie hätten Todessehnsucht. „Unfreundlich" und „golden"? Und dazu noch „Todessehnsucht"? Das klingt widersprüchlich, nicht wahr?

Sehen wir uns das genauer an. Eine Grundstimmung der Wiener ist tatsächlich das „Grantigsein". Der Wiener ist oft „grantig". Das Wort kommt nicht in einem üblichen Wörterbuch vor, aber im Internet findet man die Erklärung „übel gelaunt, ärgerlich". Das trifft es recht gut.

Die Ober in den Wiener Kaffeehäusern sind dafür sogar berüchtigt: Sie gelten als grantig, also als unfreundlich. Ein echter Wiener hat damit eigentlich kein Problem. Das ist unglaublich, nicht wahr? Freundlichkeit ist doch besser als Grantigsein?

Wir Wiener sind bei Lob immer ein wenig misstrauisch, weil wir eine Absicht dahinter vermuten. Warum werde ich gelobt? Was will dieser Mensch von mir? Vielleicht wollen die Wiener mit ihrer Unfreundlichkeit nur zeigen, dass sie ehrlich und aufrichtig sind. Und wenn sie wirklich einmal freundlich sind, dann ist das echt!

Das kann man ja auch als Nicht-Wiener verstehen. Oder würden Sie einem Verkäufer oder einer Verkäuferin glauben, dass Ihnen dieses Kleid/dieser Anzug einfach wunderbar passt, wie für Sie gemacht, und das um nur xxx Euro? Na, sehen Sie. Das glauben Sie verständlicherweise nicht.

Ein anderes Grundgefühl der Wiener ist eine sanfte Melancholie, das Gefühl der Enttäuschung vom Leben. Wirklich? Aber es gibt doch so viele Vergnügungen in dieser Stadt?

Wissen Sie, das hängt zusammen. Ich gebe Ihnen ein Beispiel. Das Volkslied vom *Lieben Augustin* hat eine fröhliche Melodie und einen sehr deprimierenden Text. „Oh, du lieber Augustin, alles ist hin. Geld ist weg, Mädel ist weg, alles weg. Oh du lieber Augustin, alles ist hin." Das Lied ist noch länger, aber die melancholische Grundstimmung bleibt dieselbe. „Alles ist hin, alles ist weg."

Natürlich war Augustin ein Wiener. Augustin ist eine historische Person, er war Sänger und hat im 17. Jahrhundert gelebt. Er wurde berühmt, weil er eine Nacht in einer Pestgrube verbracht hatte. Und das war so: Während der Pestepidemie 1679 gab es so viele Tote, dass man diese gemeinsam in eine große Grube warf und erst später mit Erde bedeckte. Augustin war betrunken und landete auf dem Heimweg versehentlich in der Grube (niemand weiß, warum). Als er am nächsten Morgen erwachte, schrie er laut, bis ihn jemand aus der Grube rettete. Und erstaunlicherweise hatte er sich nicht mit der Pest angesteckt. In der Folge entstand das Lied vom *Lieben Augustin*, dessen deprimierender Text von der Vergänglichkeit des Lebens erzählt, dessen fröhliche Musik aber vermittelt: Wenn man Humor hat, kann man alles ertragen.

In dieser Tradition gibt es in Wien Vergnügen und Melancholie, Grantigkeit und überraschende Freundlichkeit zu gleicher Zeit. Diese Mischung nennt man das goldene Wienerherz: raue Schale, weicher Kern.

das Klischee　月並みなことば
die Sehnsucht　あこがれ
der Tod　死
widersprüchlich
　矛盾を含んだ、つじつまの合わない
die Grundstimmung
　基本的なムード
üblich　普通の
berüchtigt　評判の悪い
die Absicht　意図
vermuten
　他 ～と推測する、～と思う
echt　本物の

passen　自 似合う
verständlicherweise
　当然のことながら
das Grundgefühl　基本的な感情
die Melancholie　憂うつ
die Enttäuschung　失望、落胆
die Vergnügung　楽しい集い、催し
zusammen|hängen　自 関連している
das Volkslied　民謡
deprimierend　気分を滅入らせる
historisch　歴史的な
die Pestgrube　疫病の犠牲者の墓
die Epidemie　疫病

werfen　他 ～を投げる
bedecken　他 ～を覆う
versehentlich　うっかりして
erstaunlicherweise　驚くべきことに
sich an|stecken
　再 (病気に) 感染する
die Vergänglichkeit
　移ろいやすさ、はかなさ
vermitteln　他 ～を伝える
ertragen　他 ～に耐える
rau　粗い
die Schale　皮
der Kern　核、中心部

▰ TEXTVERSTÄNDNIS

1. **Frage zum Text**　テキストについての質問
   1) Wo hat Augustin übernachtet?
   2) Was ist eine Pestgrube?

2. **Richtig oder falsch?**　本文の内容と合っていますか。
   1) Augustin hat wirklich gelebt.
   2) Lob ist nicht immer echt.

▰ WORTSCHATZ

3. **Sie kennen jetzt die Wörter *erstaunlicherweise* und *verständlicherweise*. Woher kommen die folgenden Wörter und was bedeuten sie?**
   erstaunlicherweise, verständlicherweise を参考に次の単語の元の単語や、単語の意味を考えなさい。
   1) ausnahmsweise　　2) dummerweise　　3) möglicherweise　　4) teilweise

4. **Analysieren Sie die folgenden Adjektive. Woher kommen sie?**
   形容詞の元になった単語を考えなさい。
   1) berüchtigt　　2) berühmt　　3) betrunken　　4) deprimierend　　5) gelaunt　　6) überraschend

5. **Suchen Sie einige Adjektive mit den Endungen -lich und analysieren sie die Herkunft.**
   接尾辞が -lich の形容詞を探して、元になった単語を考えなさい。

6. **Übersetzen Sie.**　日本語にしなさい。
   1) Kennen Sie einen Heurigen?
   2) Wissen Sie, wo ein Heuriger ist?

7. **Welcher Wortteil wird anders ausgesprochen?** 🎵055 CD1-55

    下線部の発音が他と異なる単語を選びなさい。

    1) ☐ an**st**ecken ☐ Grund**st**immung ☐ er**st**aunlich ☐ miss**tr**auisch

    2) ☐ Bei**sp**iel ☐ hi**st**orisch ☐ **sp**äter ☐ ver**st**ehen ☐ wider**sp**rüchlich

    3) ☐ Epidem**ie** ☐ Famil**ie** ☐ Melanchol**ie** ☐ Melod**ie**

8. **Aussprachenübung: Wiederholen Sie.**　音声を聞いて繰り返しなさい。 🎵056 CD1-56

    1) Ich gebe Ihnen ein Beispiel.

    2) Sehen wir uns das genauer an.

    3) Diese Mischung nennt man das goldene Wienerherz.

9. **Hören Sie die Aufnahme. Welchen Satz hören Sie?** 🎵057 CD1-57

    音声を聞いて聞こえたものを選びなさい。

    1) ☐ Ich habe damit ein Problem. ☐ Ich habe damit kein Problem.

    2) ☐ weg ☐ Weg

▶ GRAMMATIK

10. **Suchen Sie die zwei Plusquamperfekt und erklären Sie, warum sie verwendet werden.**

    過去完了形の文を 2 つ探し、使われている理由を考えなさい。

11. **Übersetzen Sie.**　日本語にしなさい。

    In der Folge entstand das Lied vom *Lieben Augustin*, dessen deprimierender Text von der Vergänglichkeit des Lebens erzählt, dessen Musik aber Fröhlichkeit vermittelt.

12. **Verbinden Sie die beiden Sätze mit einem Relativpronomen.**

    関係代名詞を使って、2 つの文を 1 文にしなさい。

    1) Das ist eine gute Freundin. Sie arbeitet als Software-Ingenieurin.

    2) Das ist eine gute Freundin. Ihre Mutter feiert morgen Geburtstag.

    3) Das ist eine gute Freundin. Ich fahre mit ihr oft auf Urlaub.

    4) Das ist eine gute Freundin. Ich treffe sie heute endlich wieder.

◎ Heurige　ホイリゲ

　ホイリゲは、直訳すれば「今年の」という意味です。11 月 11 日の聖マルティンの日に樽を開けたワインの新酒（または、それを提供する酒場）のことを指します。ウィーンの森では昔から葡萄栽培が盛んでワインが生産されており、今から約 230 年前に神聖ローマ皇帝が葡萄農家に自家製ワインを小売りする許可を与えたのがホイリゲの始まりとされます。今では一年中営業しているホイリゲもありますが、本来はその年にできた新酒が売り切れるまで、つまり数週間だけの営業でした。営業中の印として店先には束ねた松の枝がぶら下げられますが、これは「ausgesteckt（外に掲げられている）」という状態で、日本の暖簾と同じ機能を果たします。飲み物はテーブルで注文し、食べ物はカウンターでのセルフサービスです。

　ちなみに JR 恵比寿駅で流れる映画『第三の男』のメロディーも、ホイリゲで生まれました。駅名の由来であるビール会社の CM のイメージが強いですが、元々はワインと共に楽しむ音楽だったのです。

KAPITEL ◆10◆

In Wien ist die Welt zu Hause

KONVERSATION

In einem Geschäft

♪058
CD1-58

Kundin : Entschuldigung, wie spricht man dieses Wort aus?

Verkäufer : „*Petit Point*".

Kundin : Pö....? Was ist das?

Verkäufer : Das ist eine Stickerei. Das ist Französisch: „petit" heißt „klein" und „point" heißt „Punkt". „*Petit Point*" ist also eine sehr feine Stickerei.

Kundin : Oh, ich verstehe.

die Stickerei　刺しゅう　　fein　繊細な

ÜBUNG Sie verstehen das Wort *Palatschinke* auf der Speisekarte nicht. Was fragen Sie den Ober?

Wenn Sie nach Wien kommen, werden Sie merken, dass Sie die Sprache nicht immer verstehen, auch wenn Sie Deutsch als Muttersprache haben. Warum ist das so?

Im Wiener Deutsch gibt es viele Wörter aus anderen Sprachen, die nicht ins deutsche Deutsch aufgenommen wurden. Viele Wörter kommen aus dem Französischen, wie *Petit Point*, andere Wörter kommen aus dem Jiddischen, dem Tschechischen, dem Ungarischen, dem Italienischen und   5 noch anderen Sprachen.

Wien liegt in Zentraleuropa, dadurch lebten bereits im Spätmittelalter viele verschiedene Menschen hier. Sie kamen zum Handel, aber auch zum Studieren, denn bereits seit 1365 gibt es die Wiener Universität. Seit 1774 gibt es die allgemeine Schulpflicht, das heißt, dass alle Kinder in die Schule gehen sollen (bzw. dürfen, aber auch müssen). So kamen viele Menschen und damit auch   10 ihre Sprachen nach Wien.

Ende des 18. Jahrhunderts wurde das Toleranzpatent erlassen, das eine weitreichende Religionsfreiheit versprach. Deswegen siedelten sich viele Menschen jüdischen Glaubens wieder in Wien an, nachdem sie wiederholt vertrieben worden waren.

Der Wiener Hof sprach gerne Französisch, denn im 17. Jahrhundert wurde das Französische   15 zur Lingua Franca in Europa, zur Sprache der Diplomatie und des Adels. Später kamen dann viele Menschen aus den verschiedenen Teilen der Habsburgermonarchie in die Hauptstadt Wien, oft auf der Suche nach Arbeit.

Und das setzt sich in unserer Zeit auch fort, nach dem Zweiten Weltkrieg kamen viele Menschen auf Arbeitssuche nach Wien, vorwiegend aus dem damaligen Jugoslawien und aus der   20 Türkei. Aus Ungarn (1956) und der Tschechoslowakei (1968) flüchteten viele Menschen vor der kommunistischen Herrschaft, und oft war ihre erste Station Wien – manche blieben für immer.

Dieses Zusammenleben verschiedener Menschen war und ist nicht immer leicht, und es wird wohl nie leicht sein, aber die positiven Seiten überwiegen, und sie haben Wien zu dem gemacht, was es heute ist: eine Stadt mit einem etwas anderen Deutsch, mit guter Küche, mit vielen interessanten   25 Menschen, vielen Ideen, doch dabei ist Wien kleiner und daher viel ruhiger und sicherer als andere Städte mit ähnlicher Geschichte.

Eine Idee, die von Wien in die Welt gegangen ist, sind die Ampelpärchen. 2015 begann man, an einigen Ampeln statt einem Ampelmännchen Ampelpärchen zu zeigen, und nicht nur Mann und Frau, sondern auch Frau und Frau oder Mann und Mann, um die Gleichberechtigung verschiedener   30 Liebesformen zu zeigen. Nun gibt es diese Ampelpärchen auch in anderen Ländern Europas und sogar in Australien.

Man sagt, in Wien sei die Welt zu Hause. Hier soll nämlich jeder willkommen sein.

merken 他〜にきづく

auf|nehmen
　他〜を取り入れる、受け入れる

(das) Jiddisch　イディッシュ語

das Spätmittelalter　中世後期

der Handel　商売、貿易

die Schulpflicht　就学義務

bzw. (beziehungsweise)
　ないしは、あるいは

das Toleranzpatent　宗教寛容令

erlassen　他〜を公布する

weitreichend　広範囲にわたる

die Religionsfreiheit　宗教の自由

sich an|siedeln
　再定住する、移住する

vertreiben　他〜を追放する

der Hof　王宮

die Lingua Franca　国際共通語

die Diplomatie　外交

der Adel　貴族

die Habsburgermonarchie
　ハプスブルク王朝（帝国）

sich fort|setzen　再続く

flüchten　自逃げる

die Herrschaft　支配、統治

überwiegen
　自優勢である、勝っている

die Ampel　信号

das Paar, das Pärchen
　カップル、ペア

die Gleichberechtigung
　（男女の）同権

die Liebesform　愛の形

 ## TEXTVERSTÄNDNIS

1. **Frage zum Text**　テキストについての質問

　　1) Warum kamen viele Ungarn 1956 nach Österreich?

　　2) Seit wann gibt es in Österreich die allgemeine Schulpflicht?

2. **Wählen Sie die beste Antwort aus.**　正しい答えを選びなさい。

　　Warum gibt es Ampelpärchen?

　　　a) Sie zeigen die Gleichberechtigung von nicht-heterosexuellen Partnerschaften.

　　　b) Diese Idee ist um die Welt gegangen.

　　　c) Sie sind eine Touristenattraktion.

3. **Richtig oder falsch?**　テキストの内容と合っていますか。

　　1) Französisch war lange Zeit die Sprache der Diplomatie.

　　2) Viele Menschen kommen auf Arbeitssuche in eine Großstadt.

WORTSCHATZ

4. **Welche Sprachen kennen Sie?**
　どのような言語を知っていますか。言語名をドイツ語で書きなさい。

5. **Suchen Sie den Gegensatz.**
　反意語を本文から探しなさい。

　　1) groß ↔ ＿＿＿＿＿＿＿＿＿　　　2) laut ↔ ＿＿＿＿＿＿＿＿＿

　　3) unsicher ↔ ＿＿＿＿＿＿＿＿　　4) wenig ↔ ＿＿＿＿＿＿＿＿

　　5) letzt ↔ ＿＿＿＿＿＿＿＿＿　　　6) negativ ↔ ＿＿＿＿＿＿＿＿

　　7) schwer ↔ ＿＿＿＿＿＿＿＿＿　　8) grob ↔ ＿＿＿＿＿＿＿＿

▶ AUSSPRACHE UND HÖRVERSTÄNDNIS

6. Welcher Buchstabe wird anders ausgesprochen?

下線部の発音が他と異なる単語を選びなさい。

☐ dür<u>f</u>en ☐ <u>F</u>reiheit ☐ Ho<u>f</u> ☐ Uni<u>v</u>ersität ☐ <u>v</u>ersprechen

7. Welcher Wortteil ist betont? 下線部にアクセントが置かれる単語を選びなさい。

☐ Dip<u>lo</u>matie ☐ E<u>u</u>ropa ☐ Mo<u>na</u>rchie ☐ <u>To</u>leranz

8. Ausspracheübung: Wiederholen Sie. 音声を聞いて繰り返しなさい。

1) In Wien ist die Welt zu Hause.

2) Das Zusammenleben verschiedener Menschen war und ist nicht immer leicht.

9. Hören Sie die Aufnahme und setzen Sie die richtigen Wörter oder Zahlen ein.

音声を聞いて、空欄には単語を、下線には数字を入れなさい。

Viele (   ) in Europa führen durch die Umgebung von Wien. Die

_____ Kilometer lange *Donau* fließt durch _____ Länder, von (   )

über Österreich durch (   ) bis ans *Schwarze Meer*. Die Bernsteinstraße

führte vom *Baltikum* durch Polen und (   ) über Österreich nach

(   ), ungefähr _____ Kilometer lang.

▶ GRAMMATIK

10. Setzen Sie die unterstrichenen Satzteile 1-3 jeweils an den Satzanfang.

下線1から3それぞれを第1位に置いて、書き換えなさい。

1) Das Französische wurde ₁<u>im 17. Jahrhundert</u> ₂<u>zur Lingua Franca</u> ₃<u>in Europa</u>.

2) Es gibt ₁<u>im Wiener Deutsch</u> ₂<u>viele Wörter</u> ₃<u>aus Fremdsprachen</u>.

11. Setzen Sie den Satz ins Imperfekt. 過去形に書き換えなさい。

1) Die Juden waren wiederholt vertrieben worden.

2) Alle Kinder sollen / dürfen / müssen die Schule besuchen.

Internationalität 国際的な地位

　ハプスブルク家の統治のもと、600年以上にわたって中央ヨーロッパの中心として栄えたウィーン。ドナウ川と琥珀の道が交差する立地の良さに加え、社会保障制度の充実もその魅力です。特に教育の分野で先駆的役割を担い、1774年にはマリア・テレジアが義務教育を導入しています。さらに19世紀には医療や芸術の分野でもヨーロッパの中心でした。しかし、20世紀の二つの世界大戦を経た冷戦時代には西ヨーロッパの東端となり、ヨーロッパを東西に分ける「鉄のカーテン」がウィーン市からわずか50kmの所に下ろされたのです。オーストリアは1955年に「永世中立」を条件に国家としての独立を回復し、ドイツのように分断されることはありませんでした。結果、東と西に挟まれた立地ゆえに、両陣営の交渉の場となったのです。

　ウィーンは、ニューヨーク、ジュネーブに次いで3番目に国連事務局が設置された都市です。他にも国際原子力機関や石油輸出国機構など、多くの国際機関がウィーンに本部を置いています。

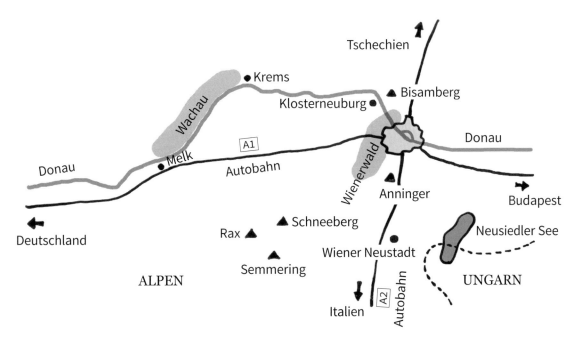

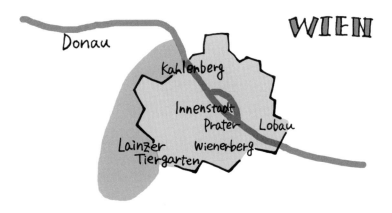

Orte in Wien ウィーンの地名

Sehenswürdigkeiten und Sonstiges 名所など

das Belvedere　ベルヴェデーレ宮殿

das Burgtheater　ブルク劇場

die Hofburg　ホーフブルク宮殿

die Innere Stadt　旧市街

die Kammeroper　ウィーンカンマーオペラ

die Karlskirche　カールス教会

das Kunsthistorische Museum　美術史美術館

das Parlament　国会議事堂

die Peterskirche　ペータース教会

das Rathaus　市庁舎

das Schloss Schönbrunn　シェーンブルン宮殿

die Staatsoper, die Oper　国立歌劇場（国立オペラ座）

der Stephansdom　シュテファン大聖堂

das Theater an der Wien

　アン・デア・ウィーン劇場（ウィーン川沿いにある劇場）

die Universität Wien　ウィーン大学

die UNO-City　UNO シティー

die Volksoper　フォルクスオーパー

die Votivkirche　ヴォティーフ教会

der (Wiener) Musikverein

　楽友協会（ムジークフェライン）

das (Wiener) Riesenrad　大観覧車

Ausflüge ins Grüne 遠足、行楽

■ in Wien ウィーン市内

ウィーンは全体的に緑が多いが、ちょっと長めの散歩やスポーツには、中心部から少し離れたところがさらに良い。

die Alte Donau　アルテ・ドナウ川

ドナウ川の旧流。休暇地として有名。ボート、水泳などのアクティヴィティが楽しめる。川辺に飲食店なども多い。

die Donauinsel　ドナウ島

ドナウ川とドナウ新流の間の島。全長 20km、幅は約 200m。行楽地。

新流側で水泳、ボートなどを楽しむことができる。サイクリングコースもあり、スポーツやイベントがよく行われている。

車の乗り入れは原則禁止、駐車場もないので、地下鉄や自転車を利用。中心部から地下鉄 U1 で 10 分。

der Kahlenberg　カーレンベルク（ベルク＝山）

ウィーン市内の山。見晴らしが良く、ウィーンの市街地、ドナウ川が綺麗に見える。遠足の目的地としても人気。標高 485m。

das Kahlenbergerdorf　カーレンベルガードルフ（ドルフ＝村）

Leopoldsberg の麓の村。ウィーン市だが、山と川に挟まれて地理的に隔離されている。

der Lainzer Tiergarten　ラインツァー動物公園

野生保護地区、約 25km²、プラーターの 4 倍ぐらいの敷地面積を持つ。ほとんど森で、放し飼いの動物の保護のために壁で囲まれているが、入場は無料。見晴らしの良い山もある。

der Leopoldsberg　レオポルドベルク

ウィーン市内の山。地中海に注ぐ全長 1200km のドナウ川に接するアルプス山脈の出発点で、標高は 425m と決して高くはないが、見晴らしが良く、遠足に人気。

> **Tipp!**
> ドナウ川の Kahlenbergerdorf から Kahlenberg まで徒歩で上り、Kahlenberg の Heurige で地元のワインを飲みながら休憩するコースをお勧めしたい。

die Lobau　ローバウ国立公園

ドナウ川の河畔林。プラーターよりさらに大きく、ワイルド。

die Neue Donau　ノイエ・ドナウ川

ドナウ川新流、洪水対策のためにウィーン市内に作られた人工的な川で、水位が高くなると、ドナウ川からの水を流す。

普段は行楽地。幅は約 200m。ドナウ川とノイエ・ドナウ川の間に、die Donauinsel がある。

der Prater　プラーター

由来はラテン語の「芝生」から、ドナウ川の河畔林地。貴族の遊猟のために作られたが、1766 年から一般に公開。プラーターには、1825 年から der Wurstelprater（der Volksprater 市民プラーター）遊園地 があり、敷地の 5% を占める。入場無料で、入口には大観覧車がある。名前の由来は der Hanswurst（道化役）。その他に、der grüne Prater（緑のプラーター）と呼ばれる、巨大な公園があり、東京の上野公園の約 10 倍の 6km^2。18 世紀にイベントのために建てられた das Lusthaus（現在はカフェ・レストラン）もある。

der Wienerberg　ヴィーナーベルク

ウィーン南部にある山で、標高は約 250m。隣の Laaerberg（ラーベルク）と共にウィーンの森の最東端にある。2 つの大きな公園とウィーン市内唯一の温泉 Oberlaa（オーバーラー）がある。ちなみにウィーン南部には、アルプスとウィーン盆地の境界に沿って温泉が多い。Baden, Bad Vöslau, Bad Fischau など、名前に Bad が入った町や村が多いのは、このため。

der Wienerwald　ウィーンの森

アルプス山脈の最北に位置し、ウィーン郊外と隣接のニーダーエスターライヒ州にまたがっている。ドナウ川から約 50km 南部まで広がり、幅は約 30km。ぶどう畑が多く、Heurige が多い。

■ in der Umgebung　郊外と周辺の日帰りで行ける場所

der Anninger　アニンガー山

ウィーンの森に位置する山で、山上までは Mödling や Gumpoldskirchen（Wien-Mitte 駅から約 30 分）から 1 ～ 2 時間。麓の Gumpoldskirchen をはじめ、Heurige が多く、山上にヒュッテがいくつかある。リヒテンシュタイン城など、見どころも多い。

der Bisamberg　ビザムベルク山

ウィーン北西郊外にある山、ドナウ川を挟んで、Leopoldsberg の対岸。Langenzersdorf 駅下車（Schnellbahn で、Wien-Mitte 駅から約 30 分）。麓に Heurige が多い。

der Neusiedler See　ノイジードラー湖

ウィーンの南東約 50km（ウィーン駅から Neusiedl まで約 1 時間）。アルプスの小さくて深い湖と違って、水深約 2m のステップ湖。南部にある Rust（ルスト）や Mörbisch（メルビッシュ）へは、バス利用。夏には湖のステージでオペラやオペレッタも上演されている。

Rax – Schneeberg – Semmeringgebiet　ラックス山・シュネーベルク・ゼメリング地区

die Rax（ラックス山）と der Schneeberg（シュネーベルク＝雪山）はウィーンから南西に約 70km。アルプス山脈で標高 2000m を超える山としては最北に位置する。Rax の標高約 1700m 地点までロープウェイ（所要時間 10 分）、Schneeberg の標高約 1800m 地点までラック式鉄道（所要時間約 40 分）で行ける。山の上部は台地でハイキングしやすい。しかし、山の天気は変わりやすいので要注意。山間の Höllental（地獄渓谷）は美しい。Rax の麓にある Reichenau と隣接する Semmering（ゼメリング峠、標高 1000m）は昔から貴族のリゾート地だった。19 世紀半ばに敷設されたゼメリング鉄道は世界遺産。

行きたい場所をドイツ語で書きましょう。

....

....

....

....

Wiener Küche ウィーンの料理

SPEISEN 料理

Vorspeisen 前菜

Hauptspeisen メイン料理
　肉や魚料理が多い。最近は、野菜料理も供されている。

Beilagen 付け合わせ
　ご飯、団子類、パスタ類、野菜、サラダなど。パンは、おつまみ感覚で、食前に食べることが多い。

Nachspeisen デザート

Warme Mehlspeisen 温かくて甘い料理
　店によってデザート向きの小さいサイズもある。

Straßenverkauf 屋台料理

Glossar 用語集　　　　　　　　　　　　　　　　♥ は甘い料理 / スイーツ

die Buchteln (Pl.)　ブフテルン (ポヴィドルというプラムのジャムを練り込んだ焼き菓子)　♥

der Gugelhupf　ソグロフ (真ん中に穴が空いた土冠のような形をした発酵菓子。ウィーン生まれマリー・アントワネットの好物)　♥

das Brot　パン (テーブルに置いてある。会計の際に、食べた分を支払う)

der Döner (Kebab)　ドネルケバブ (トルコ・レストラン以外は屋台料理)

das Gulasch　グラーシュ (肉の煮込料理)
　　　das Fiakergulasch　卵焼きとソーセージをのせたグラーシュ (満腹になること間違いなし)
　　　das Kalbsgulasch　仔牛肉のグラーシュ
　　　das Rindsgulasch　牛肉のグラーシュ

der Kaiserschmarren　カイザーシュマーレン (パンケーキをちぎったスイーツ)　♥

der/das Knödel　団子
　　　das Germknödel　プラムのジャム入り巨大な甘い団子 (Germ イースト)　♥
　　　die gerösteten Knödel (Pl.)　白パン団子の卵炒め
　　　die Marillenknödel (Pl.)　種を抜いたアンズに砂糖を詰め、生地で包んだ甘い団子　♥
　　　die Semmelknödel　白パン団子
　　　die Zwetschgenknödel (Pl.)　種を抜いたプルーンに砂糖を詰め、生地で包んだ甘い団子　♥

der Leberkäse　レバーケーゼ (レバーもチーズも含まれていない。屋台で販売されていることが多い)
　　　der gebackene Leberkäse　衣のついた揚げたレバーケーゼ

die Nockerl (Pl.)　小さな団子
　　die Eiernockerl (Pl.)　小麦粉の団子の卵炒め
　　die Salzburger Nockerl (Pl.)　ザルツブルク名物のスフレ
　　die Topfennockerl (Pl.)　カード (フレッシュチーズ) の団子

die Nudeln (Pl.)　麺類

die Palatschinke　クレープ (フランスのクレープより小さくて厚い)

der Reis　ご飯

der Reisauflauf　ライスの甘いスフレ　♥

die Sachertorte　ザッハートルテ、チョコレートケーキ (ホテル・レストラン 「ザッハー」 がその名の由来だが、デメルという菓子店も
　自分がオリジナルだと主張)　♥

der Salat　サラダ
　　　der Erdäpfelsalat, der Kartoffelsalat　じゃがいもサラダ
　　　der gemischte Salat　ミックスサラダ

der grüne Salat　グリーンサラダ

der Gurkensalat　きゅうりサラダ

der Paradeisersalat, der Tomatensalat　トマトサラダ

die Schinkenfleckerl（Pl.）　ハム入りの小さな角形の卵パスタ

überbackene Schinkenfleckerl　ソースをつけてオーブンで焼いた Schinkenfleckerl

das Schnitzel　シュニッツェル、薄切り肉（厚さ約 1 センチ）

das Wiener Schnitzel　ウィーン風仔牛または豚のカツレツ（叩いて薄くした肉を使う）

das Pariserschnitzel　パリ風のシュニッツェル（衣に小麦粉を用いないレシピで調理される）

das Jägerschnitzel　キノコソースのシュニッツェル

der Schweinsbraten　ローストポーク

die Semmel　ゼンメル（丸い白パン）

der Senf　マスタード

scharfer Senf　（一般的な）マスタード

süßer Senf　（オーストリア独特の）甘みのあるマスタード

der Strudel　「渦巻き」を意味する。薄い生地で幾層にも包まれたもの

der Apfelstrudel　りんごのシュトルーデル　♥

der Gemüsestrudel　野菜のシュトルーデル

der Topfenstrudel　チーズの甘いシュトルーデル　♥

die Suppe　スープ

die Grießnockerlsuppe　あらびき小麦粉団子のスープ

die Nudelsuppe　麺入りスープ

die Frittatensuppe　細切りクレープ入りのスープ

die Leberknödelsuppe　レバー入り団子のスープ

der Tafelspitz　ターフェルシュピッツ（牛肉の煮込み）

die Wurst　太めのソーセージ

die Blutwurst, die Blunze　血のソーセージ（太め）

die Burenwurst　太めのソーセージ（ウィーンの代表的なソーセージ）

die Würstel（Pl.）　細めのソーセージ（常に 2 本で供される）

die Debrecziner（Pl.）　辛いソーセージ

die Frankfurter（Pl.）　ウィンナー

die Sacherwürstel（Pl.）　長くて上品なウィンナー（ホテル・ザッハーとは無関係）

der Zwiebelrostbraten　フライドオニオンをのせたローストビーフ（たまねぎの甘みで日本人にも人気）

食べたい料理をドイツ語で書きましょう。

....

....

....

....

alkoholisch, nicht alkoholisch　アルコール、ノンアルコール

der Apfelsaft, das *Obi*　りんごジュース (das *Obi* はりんごジュースのブランド名)

    der Apfelsaft gespritzt, das *Obi* gespritzt　炭酸水割り

das Bier　ビール

    das Krügel　ビール 500cc (0.5 リットル)

    die Maß　ビール 1 リットル (ミュンヘン以外にはない)

    das Ottakringer　(商品名) ウィーンの地ビール (16 区に醸造所がある)

    das Pfiff　ビール約 150cc

    das Seidl　ビール 300cc

das Cola　コーラ (die Cola となることもある。中性は das Getränk に、女性は die Limonade に倣った形)

das Fanta　ファンタ (果汁入り炭酸飲料。第二次世界大戦中にドイツで作られた)

der Kaffee　コーヒー

    der Cappuccino　カプチーノ

    der Einspänner　アインシュペナー (日本で言うウィンナコーヒーに近い。「一頭立ての馬車」の意)

    der Kapuziner　少量のホイップクリームをのせた濃いコーヒー

    der kleine Braune　ミルク入りコーヒー

    die Melange　メランジェ (ミルクとコーヒーが半々で、その上に泡立てたミルクをのせる)

    der Mokka　ブラックコーヒー

    der Verlängerte　アメリカンコーヒー

das Mineralwasser　ミネラルウォーター

    prickelndes Mineralwasser　炭酸入りミネラルウォーター

    stilles Mineralwasser　炭酸なしミネラルウォーター

das Soda(wasser)　炭酸水

    das Soda Zitron　レモン入り炭酸水

der Tee　茶

    der Darjeeling　ダージリン

    der Earl Grey　アールグレー

    der English Breakfast　イングリッシュ・ブレックファスト

    der grüne Tee　緑茶

    der Kamillentee　カモミールのハーブティー

    der Kräutertee　ハーブティー

    der russische Tee　紅茶

der Wein　ワイン

    das Achtel　ワイン 125cc (8 = acht – Achtel)

    der Rotwein　赤ワイン

    der Spritzer　白ワインの炭酸水割り

    das Viertel　ワイン 250cc (4 = vier – Viertel)

    der Weißwein　白ワイン

Tipp!

メイン料理と付け合わせの組み合わせは決まっていることが多い。

たとえば Schweinsbraten には Knödel と Kraut（キャベツ）、Gulasch には Nockerl、Wiener Schnitzel には Erdäpfelsalat、Eiernockerl には grüner Salat、Würstel には Brot または Semmel と Senf（または Ketchup）など。

同じように、料理と飲み物も伝統的な組み合わせがある。特に Gulasch には、ビールと決まっているし、Wiener Schnitzel には白ワインの方が一般的。異論は認める！

オーストリアのレストランではフランスやイタリアと比べて料理が安いので、飲み物による収入が重要であり、ウェイターは最初に「Zu trinken? お飲み物は？」と聞いてくる。テーブルにはパンとゼンメルが置いてあって、最後に個数分を払うが、テーブルチャージはない。

Deutsche Wörter 基礎単語リスト

der Abend	denken	das Geschäft	das Land
aber	deutsch	gestern	lang
ab|fahren	doch	glauben	laufen
also	dort	glücklich	leben
alt	dunkel	groß	legen
ander-	einfach	gut	der Lehrer
der Anfang	der Eingang	haben	leicht
an|kommen	ein|kaufen	halb	lernen
die Ankunft	ein|laden	die Hälfte	lesen
an|rufen	einmal	die Hand	letzt-
die Antwort	(die) Entschuldigung	das Haus	lieb
die Arbeit	sich erinnern	nach Haus(e)	lieben
auch	erklären	zu Haus(e)	liegen
auf|stehen	erst-	heiß	links
der Ausdruck	erzählen	heißen	machen
der Ausgang	essen	helfen	-mal
die Aussicht	das Essen	hell	man
das Auto	etwas	der Herbst	der Mann
die Bahn	fahren	der Herr	der Mensch
der Bahnhof	falsch	heute	der Mittag
bedeuten	die Familie	hier	der Monat
beginnen	fast	hoch	morgen
das Beispiel	das Fenster	hören	der Morgen
bekommen	fertig	der Hunger	morgens
bestellen	finden	immer	nächst-
besuchen	fliegen	ja	der Nachmittag
bezahlen	fragen	das Jahr	die Nacht
das Bier	die Frau	jetzt	natürlich
billig	der Freund	jung	nehmen
ein bisschen	die Freundin	kalt	nein
bitte	früh	die Karte	neu
bleiben	der Frühling	kaufen	nicht
brauchen	der Fuß	kennen	nichts
bringen	ganz	das Kind	niemand
das Brot	geben	die Kirche	noch
das Buch	es gibt	klein	nur
da	gehen	kommen	oder
daher	gehören	kosten	ohne
damit	das Geld	krank	öffnen
danken	genug	die Küche	oft
dann	gern(e)	kurz	der Platz

rechts	spät	die Tür	wieder
reisen	spielen	üben	wiederholen
richtig	sprechen	die Uhr	der Winter
sagen	die Stadt	und	wirklich
schlafen	stark	ungefähr	wissen
schlagen	stehen	verboten	wo
schlecht	stellen	vergessen	die Woche
schmecken	die Straße	verstehen	woher
schnell	das Stück	viel	wohin
schon	der Student	der Vormittag	wohnen
schön	die Studentin	die Vorsicht	das Wort
schreiben	die Stunde	der Wald	wunderbar
die Schule	suchen	wann	wünschen
schwach	der Süden	warten	zahlen
schwer	süß	warum	zeigen
schwierig	der Tag	was	die Zeit
sehen	die Tasche	der Weg	die Zeitung
sehr	der Teil	die Welt	der Zucker
sein	teuer	wer	der Zug
sitzen	tragen	werden	zurück
so	treffen	wichtig	
der Sommer	trinken	wie	
sonst	tun	wie viel	

die Zahlen 数字

null	zehn	zwanzig		hundert
eins	elf	einundzwanzig		hunderteins
zwei	zwölf	zweiundzwanzig		hundertzwei
drei	dreizehn	dreiundzwanzig	dreißig	hunderteinundzwanzig
vier	vierzehn	vierundzwanzig	vierzig	zweihundert
fünf	fünfzehn	fünfundzwanzig	fünfzig	tausend
sechs	sechzehn	sechsundzwanzig	sechzig	tausendeins
sieben	siebzehn	siebenundzwanzig	siebzig	tausendeinhundert
acht	achtzehn	achtundzwanzig	achtzig	zweitausend
neun	neunzehn	neunundzwanzig	neunzig	

zehntausend   hunderttausend   eine Million

die Jahreszahlen 西暦

1100-1999	elf**hundert**, neunzehn**hundert**achtundsechzig
2000-	zweitausendeins, zweitausendzwei

基本文法

1 名詞 das Substantiv：人称代名詞、冠詞類の格変化、前置詞

1 人称代名詞 das Personalpronomen

			1人称	2人称親称		3人称			2人称敬称
単数	1格	〜は、が	ich	du	er	es	sie		Sie
	3格	〜に	mir	dir	ihm	ihm	ihr		Ihnen
	4格	〜を	mich	dich	ihn	es	sie		Sie
複数	1格	〜は、が	wir	ihr		sie			Sie
	3格	〜に	uns	euch		ihnen			Ihnen
	4格	〜を	uns	euch		sie			Sie

2 定冠詞（類）の格変化 der bestimmte Artikel etc.

der

dieser, welcher, jeder, aller, mancher, solcher, jener

	男性		中性		女性		複数	
1格	der	Braten	das	Schnitzel	die	Sachertorte	die	Würstel
	dieser	Braten	jedes	Schnitzel	welche	Sachertorte	alle	Würstel
2格	des	Bratens	des	Schnitzels	der	Sachertorte	der	Würstel
	dieses	Bratens	jedes	Schnitzels	welcher	Sachertorte	aller	Würstel
3格	dem	Braten	dem	Schnitzel	der	Sachertorte	den	Würsteln
	diesem	Braten	jedem	Schnitzel	welcher	Sachertorte	allen	Würsteln
4格	den	Braten	das	Schnitzel	die	Sachertorte	die	Würstel
	diesen	Braten	jedes	Schnitzel	welche	Sachertorte	alle	Würstel

3 不定冠詞（類）の格変化 der unbestimmte Artikel etc.

不定冠詞	der unbestimmte Artikel	ein
否定冠詞	der Negationsartikel	kein
所有冠詞	der Possessivartikel	mein

所有冠詞 alle Possessivartikel

ich – mein   du – dein   er – sein   es – sein   sie – ihr   Sie – Ihr
wir – unser   ihr – euer   sie – ihr   Sie – Ihr

	男性	中性	女性	複数	
1格	ein Braten	ein Schnitzel	eine Sachertorte		Würstel
	mein Braten	kein Schnitzel	unsere Sachertorte	Ihre	Würstel
2格	eines Bratens	eines Schnitzels	einer Sachertorte		Würstel
	meines Bratens	keines Schnitzels	unserer Sachertorte	Ihrer	Würstel
3格	einem Braten	einem Schnitzel	einer Sachertorte		Würsteln
	meinem Braten	keinem Schnitzel	unserer Sachertorte	Ihren	Würsteln
4格	einen Braten	ein Schnitzel	eine Sachertorte		Würstel
	meinen Braten	kein Schnitzel	unsere Sachertorte	Ihre	Würstel

4 前置詞 die Präposition

3格支配	aus bei mit nach seit von zu …
4格支配	bis durch für gegen ohne um …
3/4格支配	vor – hinter auf – unter – über an – neben in zwischen
2格支配	statt während wegen …

2 動詞 das Verb：現在形、分離・非分離動詞、話法の助動詞、再帰動詞、過去形、現在完了形

動詞は二つの種類に分かれている。

他動詞：4格目的語を必要とする動詞

自動詞：4格目的語を必要としない動詞

1 現在人称変化 das Präsens
❶規則動詞

kaufen

	単数			複数	
1人称	ich	-e	ich	kaufe	wir -en	wir kaufen
2人称親称	du	-st	du	kaufst	ihr -t	ihr kauft
3人称	er/es/sie	-t	er/es/sie kauft		sie -en	sie kaufen
2人称敬称	Sie	-en	Sie	kaufen	Sie -en	Sie kaufen

❷特に重要な不規則変化動詞：sein, haben, werden

sein				haben				werden			
ich	**bin**	wir **sind**		ich	habe	wir haben		ich	werde	wir werden
du	**bist**	ihr **seid**		du	**hast**	ihr habt		du	**wirst**	ihr werdet
er/es/sie **ist**		sie **sind**		er/es/sie **hat**		sie haben		er/es/sie **wird**		sie werden
Sie	**sind**	Sie **sind**		Sie	haben	Sie haben		Sie	werden	Sie werden

> 厳密に言えば、haben は不規則動詞ではなく、使用頻度が多い単数2・3人称で、発音しやすくするために、b が落ちただけ。werden の d も同様、werden 自体は e – i 型動詞。

❸不規則変化動詞：a – ä 型（fahren, schlafen） e - i/e 型（sehen, essen）

fahren				schlafen		
ich	fahre	wir fahren		ich	schlafe	wir schlafen
du	**fährst**	ihr fahrt		du	**schläfst**	ihr schlaft
er/es/sie **fährt**		sie fahren		er/es/sie **schläft**		sie schlafen
Sie	fahren	Sie fahren		Sie	schlafen	Sie schlafen

sehen				essen		
ich	sehe	wir sehen		ich	esse	wir essen
du	**siehst**	ihr seht		du	**isst**	ihr esst
er/es/sie **sieht**		sie sehen		er/es/sie **isst**		sie essen
Sie	sehen	Sie sehen		Sie	essen	Sie essen

② 分離・非分離動詞 das trennbare Verb, das untrennbare Verb

> 分離前綴り：ab-, auf-, ein-, mit-, zu- …
> 非分離前綴り：be-, emp-, ent-, er-, ge-, ver-, zer-

ein|kaufen / verkaufen   auf|stehen / verstehen
ab|fahren / erfahren   mit|bringen / verbringen
ein|schlafen / verschlafen

> 分離動詞と比べ、非分離動詞の意味は基礎動詞の意味から離れていることが多い。

③ 話法の助動詞 das Modalverb

	können	müssen	sollen	dürfen	wollen	mögen	mögen
ich	kann	muss	soll	darf	will	mag	möchte
du	kannst	musst	sollst	darfst	willst	magst	möchtest
er/es/sie	kann	muss	soll	darf	will	mag	möchte
wir	können	müssen	sollen	dürfen	wollen	mögen	möchte
ihr	könnt	müsst	sollt	dürft	wollt	mögt	möchtet
sie/Sie	können	müssen	sollen	dürfen	wollen	mögen	möchten
意味	できる	しなければならない	すべきである	してもよい	するつもりである	かもしれない	したい
否定		する必要がない		してはならない（禁止）			

④ 再帰動詞 das Reflexivverb

sich⁴ freuen

ich	freue mich	wir	freuen uns
du	freust dich	ihr	freut euch
er/es/sie	freut sich	sie/Sie	freuen sich

sich³ merken

ich	merke mir	wir	merken uns
du	merkst dir	ihr	merkt euch
er/es/sie	merkt sich	sie/Sie	merken sich

Ich **freue mich** über Ihre Einladung.
Ich **merke mir** seinen Geburtstag.

⑤ 三基本形（不定形ー過去基本形ー過去分詞）die drei Grundformen: Infinitiv, Präteritum, Partizip Perfekt

❶規則動詞の場合

不定形	過去基本形	過去分詞
語幹**en**	語幹**te**	**ge**語幹**t**
kauf**en**	kauf**te**	**ge**kauf**t**
ein|kauf**en**	kauf**te** … ein	ein**ge**kauf**t**
verkauf**en**	verkauf**te**	ver kauf**t**
studier**en**	studier**te**	studier**t**

❷不規則変化動詞の場合（辞書で確認しましょう）

不定形	過去基本形	過去分詞
sein	**war**	**gewesen**
haben	**hatte**	**ge**hab**t**
werden	**wurde**	**geworden**

不定形	過去基本形	過去分詞
fahren	**fuhr**	**gefahren**
ab|fahren	**fuhr** … ab	ab**gefahren**
erfahren	er**fuhr**	er**fahren**
stehen	**stand**	**gestanden**
auf|stehen	**stand** … auf	auf**gestanden**
verstehen	ver**stand**	ver**standen**
essen	**aß**	**gegessen**
vergessen	ver**gaß**	ver**gessen**
bringen	**brachte**	**gebracht**
mit|bringen	**brachte** … mit	mit**gebracht**
verbringen	ver**brachte**	ver**bracht**

6 過去形 das Präteritum

		規則動詞	不規則変化動詞	分離動詞	非分離動詞
ich	-	kaufte	fuhr	fuhr … ab	erfuhr
du	-(e)st	kauftest	fuhrst	fuhrst … ab	erfuhrst
er/es/sie	-	kaufte	fuhr	fuhr … ab	erfuhr
wir	-(e)n	kauften	fuhren	fuhren … ab	erfuhren
ihr	-t	kauftet	fuhrt	fuhrt … ab	erfuhrt
sie/Sie	-(e)n	kauften	fuhren	fuhren … ab	erfuhren

7 現在完了形 das Perfekt

完了の助動詞 haben または sein と、過去分詞（文末）を使う。

haben/sein ＋過去分詞

Ich **habe** Bier und Würstel **gekauft**.

Ich **bin** heute sehr früh **aufgestanden**.

Ich **bin** gestern sehr spät **eingeschlafen**.

Ich **habe** die Speisekarte nicht **verstanden**.

Ich **habe** dir eine Sachertorte **mitgebracht**.

Wir **haben** viele Stunden im Kaffeehaus **verbracht**.

Wir **haben** Jura **studiert**.

> 日常会話では現在完了形が多く使用される。しかし、haben と sein、および話法の助動詞に関しては過去形が使用される。

haben 支配と sein 支配

haben が完了の助動詞になるのは、
- すべての他動詞
- 多くの自動詞

sein が完了の助動詞になるのは、
- 運動・場所の移動を表す自動詞
  （例 gehen, kommen, fahren など）
- 状態の変化・推移を表す自動詞
  （例 werden, wachsen, sterben など）
- その他一部の自動詞
  （例 sein, bleiben, begegnen など）

いくつかの動詞は地域によって完了の助動詞が異なる。

　　北部では　Ich habe gelegen/gestanden/gesessen（haben 支配）

　　南ドイツ、オーストリア、スイスでは　Ich bin gelegen/gestanden/gesessen（sein 支配）

一般的に運動を伴う動詞は sein を完了の助動詞として使う。

　　Wir sind den ganzen Tag geklettert.

　　Sie ist schon viele Bahnen geschwommen.

主にドイツ北部では、運動を伴う動詞は完了の助動詞として、haben をとることもある。

　　ich habe geschwommen – ich bin geschwommen, sie hat gejoggt – sie ist gejoggt.

こうした使い方が常態の地区でも、方向や場所を示す語句がある場合は、sein を完了の助動詞として使う。

　　Sie ist gestern <u>nach Mannheim</u> gefahren.

　　Wir sind ein bisschen <u>durch die Innenstadt</u> gebummelt.

ウィーンをはじめ、ドイツ南部・オーストリア・スイスでは、以上のような使い分けはなく、sein の方が多く用いられる。ドイツ北部では haben 支配の動詞が、ウィーンや南部では sein 支配であることもある。例えば、liegen は最近では、全体的に sein の方が多くなっている。

言語とは、柔軟性をもち、時代とともに変化するものなので、都度確認しよう。

3 語順　die Wortstellung

　　原則　定動詞は第2位に置かれる。一番重要なものは第1位（文頭）に置く。

1 **主文**　der Hauptsatz

Ich **esse** heute Frankfurter am Würstelstand.

Heute **esse** ich Frankfurter am Würstelstand.

Frankfurter **esse** ich heute am Würstelstand.

Am Würstelstand **esse** ich heute Frankfurter.

2 **疑問文**　der Fragesatz

Was **essen** Sie heute?

Wo **essen** Sie heute?

Essen Sie heute am Würstelstand?

Essen Sie heute Frankfurter?

3 **命令文**　der Befehlssatz

Geh zum Würstelstand!

Essen Sie Frankfurter!

応用文法

1 名詞 das Substantiv：形容詞の用法、形容詞の比較級、形容詞の最上級

① 形容詞の格変化 das Adjektiv

❶定冠詞（類）・不定冠詞（類）に格を示す語尾がある場合 → 弱変化

	男性	中性	女性	複数
1格	-e	-e	-e	-en
2格	-en	-en	en	-en
3格	-en	-en	-en	-en
4格	-en	-e	-e	-en

Das ist die **berühmte** Sachertorte.
これは有名なザッハートルテです。

Heute trinken wir einen **guten** Wein.
今日、私たちは美味しいワインを飲みます。

Ich möchte eine **kleine** Mehlspeise.
ちょっとしたデザートをお願いします。

❷不定冠詞（類）に格を示す語尾がない場合（男性1格、中性1・4格）、無冠詞の場合 → 強変化

無冠詞の場合、形容詞は定冠詞類の語尾にならって強変化をする。ただし、男性名詞・中性名詞の2格では名詞の末尾に -[e]s が付くことで格が示されているので、形容詞の語尾変化としては、以下のようになる。

	男性	中性	女性	複数
1格	-er	-es	-e	-e
2格	-en	-en	-er	-er
3格	-em	-em	-er	-en
4格	-en	-es	-e	-e

Das ist ein **herrlicher** Schweinsbraten. これは素晴らしいローストポークです。

Ein **gutes** Essen ist teuer. 良い食事はお金がかかります。

Ich möchte ein **kleines** Bier. 小ビールが欲しいのですが。

Ich möchte **frischen** Fisch. 新鮮な魚が欲しいのですが。

Ich möchte **frisches** Obst. 新鮮なフルーツが欲しいのですが。

Ich möchte **frische** Milch. 新鮮な牛乳が欲しいのですが。

Sie liebt den Geschmack **guten** Biers. 彼女は美味しいビールの味が好き。

Er liebt den Geschmack **frischer** Milch. 彼は新鮮な牛乳の味が好き。

② 比較級 -er・最上級 -[e]st der Komparativ, der Superlativ

稀に例外がある。 gut – besser – best-

viel – mehr – meist-

gern – lieb – liebst-

Der Apfelstrudel ist **größer als** der Guglhupf. アプフェルシュトゥルーデルはクグロフより大きい。

Der Guglhupf ist **süßer als** der Topfenstrudel. クグロフはトプフェンシュトゥルーデルより甘い。

Ich sitze **längere** Zeit im Kaffeehaus. しばしカフェーハウスで過ごす。

Ich finde die Sachertorte vom *Sacher* **besser als** die Sachertorte vom *Demel*.
ザッハーのザッハートルテは、デメルのザッハートルテより美味しいと思う。

Welche Sachertorte schmeckt dir **besser**? どちらのザッハートルテが美味しいですか？

Welche Sachertorte schmeckt dir **am besten**? どのザッハートルテが一番美味しいですか？

Mir schmeckt die Sachertorte meiner Mutter **am besten**. 母のザッハートルテが一番美味しい。

Das Schnitzel vom *Figlmüller* ist **am größten**, aber auch **am dünnsten**.
フィグルミュラーのシュニッツェルは一番大きいです、しかし一番薄くもあります。

2 動詞 das Verb：受動態、未来形、過去完了形、接続法

1 受動態 das Passiv

> werden + 過去分詞（動作受動）
> sein + 過去分詞（状態受動）

Warme Mehlspeisen **werden** als Hauptmahlzeit **gegessen**.
温かいメールシュパイゼ（小麦粉を使った料理）はメイン料理として食べられている。

Zum Gulasch **wird** fast immer Bier **getrunken**, aber zum Schnitzel trinkt man eher Wein.
グラーシュと一緒にほぼ常にビールが飲まれるが、シュニッツェルと一緒にはワインの方が飲まれる。

Die Wiener Küche **wurde** und **wird** stark von Emigranten **beeinflusst**.
ウィーン料理は昔も今も移民によって強く影響を受けている。

Das Schnitzel muss gut **geklopft werden**.
シュニッツェルはよく叩かれないといけない。

Das Restaurant **ist** am Wochenende **geschlossen**.
このレストランは週末には閉まっている。

Das Schlagobers darf nicht **gesüßt sein**.
ホイップクリームは砂糖入りではいけない。

> 受動態はあまり好まれず、不定代名詞の man を使うことが多い。
> 例：Zum Gulasch trinkt man Bier.

2 未来形 das Futur | werden + 不定詞 |

Ich **werde** für ihren Geburtstag eine Sachertorte **backen**.
彼女の誕生日にザッハートルテを焼くつもりです。

Morgen **werde** ich nicht ins Kaffeehaus **gehen**.
明日はカフェーハウスには行きません。

Wenn wir jeden Tag im Restaurant essen, **werden** wir bald pleite **sein**.
毎日レストランで食事をすると、すぐに金欠でしょう。

3 過去完了形 das Plusquamperfekt | haben/sein + 過去分詞 |

Als ich endlich ins Kaffeehaus kam, **war** mein Freund schon wieder **gegangen**.
私がようやくカフェーハウスに着いたら、友人はすでに去っていた。

Nachdem ich einen Kaiserschmarren **gegessen hatte**, war ich glücklich wie ein Kaiser.
私はカイザーシュマーレンを食べた後、皇帝のように幸せだった。

4 接続法第Ⅰ式 der Konjunktiv I

		sein	haben	werden	können
ich	-e	sei	habe	werde	könne
du	-est	seiest	habest	werdest	könnest
er/es/sie	-e	sei	habe	werde	könne
wir	-en	seien	haben	werden	können
ihr	-et	seiet	habet	werdet	könnet
sie/Sie	-en	seien	haben	werden	können

接続法第Ⅰ式は主に間接話法を示し、新聞などの報道で利用される。例えば、政治家（接続法）の言葉と記者（直説法）の意見を、簡便に区別して記述できる。

Der Gast sagte, das Schnitzel **schmecke** nicht und der Wein **sei** sauer.
シュニッツェルが美味しくなく、ワインが酸っぱいと客は言っていた。

Der Wirt sagte, das **sei** die Schuld des Obers. Jetzt **komme** niemand mehr in sein Lokal.
店主はウェイターのせいだと言っている。今はもう彼の店には客が誰も来ないと（言っている）。

⑤ 接続法第II式 der Konjunktiv II

		sein	haben	werden	können
ich	-(e)	wäre	hätte	würde	könnte
du	-(e)st	wär**st**	hätte**st**	würde**st**	könnte**st**
er/es/sie	-(e)	wäre	hätte	würde	könnte
wir	-(e)n	wäre**n**	hätte**n**	würde**n**	könnte**n**
ihr	-(e)t	wär**t**	hätte**t**	würde**t**	könnte**t**
sie/Sie	-(e)n	wäre**n**	hätte**n**	würde**n**	könnte**n**

接続法第II式は「非現実」を表すが、日常会話としては、助動詞のある時制（完了形か未来形）または話法の助動詞の können を使って、接続法を作る。

例えば、Ich führe nach Wien. のかわりに、Ich wäre nach Wien gefahren.（完了形）Ich würde nach Wien fahren.（未来形）Ich könnte nach Wien fahren（話法の助動詞 können）を使う。そもそもが「非現実」なので、意味的に問題は生じない。

Wenn das Wetter schön **wäre**, **könnten** wir heute zum Heurigen gehen.
お天気でしたら、今日はホイリゲに行くのに。

Wenn ich mehr Zeit **hätte**, **würde** ich gerne noch mit dir ins Kaffeehaus **gehen**.
もっと時間があれば、あなたとカフェーハウスに行きたいのですが。

Ich **würde** ein Schnitzel **essen**, wenn es vom Kalb **wäre**.
材料が子牛なら、私はシュニッツェルを食べたいのですが。

Hätten Sie vielleicht einen gemischten Salat ohne Paradeiser?
トマト抜きのミックスサラダはありませんか？

Könnten Sie mir bitte noch ein Bier bringen?
ビールをもう一つお願いできますか？

3 語順 die Wortstellung：主文と副文、従属接続詞の副文、関係文

① 主文 der Hauptsatz 、副文 der Nebensatz
二つの主文をつなぐ際、つなぐ単語（＝接続詞）によって語順が変わることがある。

❶並列接続詞 nebenordnende Konjunktionen
主文と主文の間に置くだけ。動詞の位置に影響を与えない。

und, aber, oder, denn, doch, entweder – oder, nicht – sondern, ...

Meine Mutter isst eine Sachertorte. Ich esse zwei.

Meine Mutter isst eine Sachertorte, **aber** ich esse zwei.
母はザッハートルテを一つ食べる**が**、私は二つ。

❷続詞的副詞　adverbiale Konjunktionen

主文と主文の間に置くと、一つとして数えられる。そのために、後置の主文の主語が動詞の後になる。

> also, einerseits, andererseits, sonst, dann deshalb, deswegen, ...

Die Sachertorte schmeckt hier wunderbar. Ich esse zwei.

Die Sachertorte schmeckt hier wunderbar, **deswegen** esse ich zwei.
ここのザッハートルテはすごく美味しいので、二つにします。

副文を構成するものとしては、従属接続詞の他に、間接疑問文を導く疑問詞、関係詞がある。

❸従属接続詞　untergeordnete Konjunktionen
片方の文が副文になる。副文内は定動詞後置。

> dass, ob, weil, wenn, als, bevor, bis, nachdem, ob, obwohl, indem, während, seit, falls, damit, ...

Ich esse immer zwei Sachertorten. Ich beginne eine Diät.

Ich esse ich immer zwei Sachertorten, **bevor** ich eine Diät **beginne**.
ダイエットを始める前には、必ずザッハートルテ2個を食べます。

Ich glaube nicht, **dass** deine Diät erfolgreich ist.
あなたのダイエットが成功するとは思わない。

Susanne liebt Apfelstrudel, **weil** er süß und gleichzeitig ein bisschen sauer **ist**.
スザンネは、甘くて少し酸っぱいからアプフェルシュトゥルーデルが大好きだ。

Beim Apfelstrudel ist wichtig, **dass** die Äpfel nicht zu süß **sind**.
アプフェルシュトゥルーデルのポイントは、りんごが甘すぎないことだ。

Ich entscheide erst nach dem Essen, **ob** ich eine Mehlspeise **nehme** oder nicht.
食後にならないと、デザートを食べるかどうか、私は決めません。

Obwohl ich selten Fleisch **esse**, brauche ich manchmal ein Schnitzel.
私はほとんどお肉を食べないにもかかわらず、たまにシュニッツェルが必要です。

Wenn der Winter **kommt**, esse ich auch gerne ein Gulasch.
冬になると、グラーシュも好んで食べます。

❹間接疑問文を導く疑問詞　indirekter Fragesatz
片方の文が副文になる。副文内は定動詞後置。

> was, warum, wann, wer, wo, wie ...
> 補足疑問文の場合は、疑問詞を従属接続詞に転用して副文を作る
> 決定疑問文の場合は、従属接続詞 ob で副文を作る

Ich weiß noch nicht, **wann** ich ins Kaffeehaus kommen **kann**.
いつカフェーハウスに行けるかまだわかりません。

Weißt du, **wer** meinen Apfelstrudel gegessen **hat**, *während* ich am Klo war?
私がお手洗いに行っている間に、誰が私のアップフェルシュトルーデルを食べたか、わかりますか？

Ich verstehe sehr gut, **was** du sagen willst.
言いたいことはわかります。

Ich weiß noch nicht, **ob** ich morgen ins Kaffeehaus kommen kann.
明日はカフェーハウスに行けるかどうかまだわかりません。

❺関係文 der Relativsatz

二つの文に同じ単語がある場合、片方の単語を関係詞（2格と複数3格以外は定冠詞と同形）にして文をつなげることができる。関係詞のある文は副文（定動詞後置）になる。副文内は定動詞後置。

関係詞

	男性	中性	女性	複数
1格	der	das	die	die
2格	dessen	dessen	deren	deren
3格	dem	dem	der	denen
4格	den	das	die	die

> ドイツ語の関係文は、英語と違って、先行詞と関係文のつながりを明確にする手がかりがたくさんあるので、先行詞の性と数、関係代名詞の格に注目すること。

Ich möchte .... ＋ 他の文

1格 Ich möchte einen Döner, **der** aus biologischem Fleisch ist.

Der Döner ist aus biologischem Fleisch.

有機飼育の肉でできているドネルケバブが欲しいのですが。

Ich möchte ein Brot, **das** morgen noch knusprig ist.

Das Brot ist morgen noch knusprig.

明日までかりっとしているパンが欲しいのですが。

Ich möchte eine Sachertorte, **die** nicht dick macht.

Die Sachertorte macht nicht dick.

太らないザッハートルテが欲しいのですが。

2格 Ich möchte einen Döner, **dessen** Fleisch biologisch ist.

Das Fleisch **des Döners** ist biologisch = **Sein** Fleisch ist biologisch.

肉が有機飼育であるドネルケバブが欲しいのですが。

Ich möchte ein Brot, **dessen** Rinde weich ist.

Die Rinde **des Brots** ist weich = **Seine** Rinde ist weich.

耳が柔らかいパンが欲しいのですが。

Ich möchte eine Sachertorte, **deren** Zutaten alle vegan sind.

Die Zutaten **der Sachertorte** sind vegan = **Ihre** Zutaten sind vegan.

材料がすべてヴィーガンであるザッハートルテが欲しいのですが。

3格 Ich möchte einen Döner, nach **dem** ich nicht so voll bin.

Ich bin **nach dem Döner** nicht so voll.

食べた後にお腹が満腹にならないドネルケバブが欲しいのですが。

Ich möchte ein Brot, aus **dem** ich Sandwiches machen kann.

Ich kann **aus dem Brot** Sandwiches machen.

サンドウィッチが作れるパンが欲しいのですが。

Ich möchte eine Sachertorte, von **der** ich nicht zunehme.

Ich nehme **von der Sachertorte** nicht zu.

私が太らないザッハートルテが欲しいのですが。

4格 Ich möchte einen Döner, **den** ich mitnehmen kann.

Ich kann **den Döner** mitnehmen.

持ち帰りのできるドネルケバブが欲しいのですが。

Ich möchte ein Brot, **das** ich gut einfrieren kann.

Ich kann **das Brot** gut einfrieren.

冷凍に向いているパンが欲しいのですが。

Ich möchte eine Sachertorte, **die** man ins Ausland verschicken kann.

Man kann **die Sachertorte** ins Ausland verschicken.

外国に送れるザッハートルテが欲しいのですが。

❻不定関係文、不定関係詞 was, wer：片方の文が副文になる。副文内は定動詞後置。

Ich weiß nicht, **was** ich bestellen soll.

何を注文するかわかりません（＝迷います）。

Wer gerne Brötchen isst, muss einmal zum *Trzesniewski* gehen.

美味しいサンドウィッチを食べたい人は、チェスニエフスキーへ行くべきだ。

❼関係副詞 wo：片方の文が副文になる。副文内は定動詞後置。

Ich möchte in ein Lokal gehen, **wo** es ein gutes Gulasch gibt.

美味しいグーラシュのある飲食店に行きたいのですが。

4 造語法 die Wortbildung

大きく分けて、3つの方法がある。

1 複合語構成 Komposition

・名詞と名詞、形容詞と名詞

　die Hofburg, Schönbrunn, der Apfelstrudel, der Schwarztee…

・名詞と形容詞、形容詞と形容詞

　rabenschwarz, bitterkalt…

2 分詞 Partizipien

現在分詞、過去分詞は付加語的形容詞としても使うことができる。

beruhigend, der beruhigende Tee, das gezuckerte Schlagobers (nein!!)…

3 派生 Derivation

接頭辞や接尾辞をつけて、元の意味を変えたり、新しい語類を作ったりする。

❶元の意味を変える

・形容詞や名詞に接頭辞 un- をつける → 反対の意味の単語を作る

　unklar, das Unglück, das ungezuckerte Schlagobers (ja!!)…

❷新しい品詞を作る（意味も多少変わる）

❷-①名詞を作る

・名詞に -lein, -chen, -erl をつけて縮小形を作る

　das Ampelpärchen, das Mädchen…

・名詞に -in をつけて女性形を作る

　die Schülerin, die Freundin, die Ingenieurin…

・動詞をそのまま中性名詞として使う。ほぼすべての動詞は名詞として使える

　das Essen, das Klirren, das Umblättern…
・動詞の語幹 + -ung（女性名詞）

　die Gründung
・形容詞・名詞 + -heit / -keit（女性名詞）

　die Gesundheit, die Krankheit, die Kindheit…

　die Fähigkeit, die Geschwindigkeit…

❷ - ②形容詞を作る

・形容詞・動詞・名詞 + -lich / -ig / -isch

　kaiserlich, öffentlich, sportlich…

　beliebig, billig, einmalig, geduldig, gläubig, lebendig, schuldig, wichtig…

　historisch, japanisch, mathematisch…
・動詞の語幹 + -bar　「〜できる」という意味の形容詞

　bezahlbar, denkbar, furchtbar, heilbar, machbar, scheinbar, strafbar, tragbar…
・名詞の語幹 + -los　「〜なし」という意味の形容詞

　fleischlos, grenzenlos, kopflos, kostenlos, lieblos, sprachlos, wolkenlos, zahllos…
・名詞の語幹 + -reich「豊かな」という意味の形容詞

　erfolgreich, geistreich, hilfreich, traditionsreich

❷ - ③動詞を作る

・名詞などに語尾 -(e)n や -ieren をつけて、動詞にする

　scannen, chillen, downloaden…

　probieren, existieren, spezialisieren, studieren, marschieren…

注：特に形容詞の場合は、元の単語が使われなくなったりして、元の単語が不明な場合もある（wichtig,
　　billig）。

造語法を重ねることも多い。

fallen, einfallen, der Einfall, einfallsreich, einfallslos…

der Freund, freundlich, die Freundlichkeit…

frei, die Freiheit, freiheitlich, die Freiheitlichkeit…

die Hilfe, hilflos, die Hilflosigkeit…

die Ruhe, ruhelos, ruhig, beruhigen, beruhigend, beruhigt, die Beruhigung…

wechseln, abwechseln, die Abwechslung, abwechslungsreich…

der Zucker, zuckern, gezuckert…

ウィーン万華鏡

2021年2月20日　第1版発行
2022年2月20日　第2版発行

著　者 ── Susanne Schermann（スザンネ　シェアマン）
　　　　　相原　剣（あいはら　けん）

発行者 ── 前田俊秀

発行所 ── 株式会社　三修社

　　　　　〒150-0001　東京都渋谷区神宮前2-2-22
　　　　　TEL 03-3405-4511 / FAX 03-3405-4522
　　　　　振替 00190-9-72758
　　　　　https://www.sanshusha.co.jp
　　　　　編集担当　永尾真理

©2021 Allerlei Wien Printed in Japan ISBN978-4-384-13101-7 C1084

表紙デザイン ── 土橋公政
　　　　DTP ── 大貫としみ
　　イラスト ── トビイルツ
見返し地図 ── 一志敦子
　　　印刷所 ── 萩原印刷株式会社